高校体育教学
改革创新发展研究

周　岩　著

中国建材工业出版社
北　京

图书在版编目(CIP)数据

高校体育教学改革创新发展研究/周岩著. --北京：中国建材工业出版社，2024. 6. --ISBN 978-7-5160-4231-1

Ⅰ. G807. 4

中国国家版本馆 CIP 数据核字第 2024MU0061 号

高校体育教学改革创新发展研究

GAOXIAO TIYU JIAOXUE GAIGE CHUANGXIN FAZHAN YANJIU

周　岩　著

出版发行：中国建材工业出版社

地　　址：北京市西城区白纸坊东街 2 号院 6 号楼

邮　　编：100054

经　　销：全国各地新华书店

印　　刷：北京印刷集团有限责任公司

开　　本：710mm×1000mm　1/16

印　　张：9

字　　数：120 千字

版　　次：2024 年 6 月第 1 版

印　　次：2024 年 6 月第 1 次

定　　价：65. 00 元

本社网址：www. jccbs. com，微信公众号：zgjskjcbs

请选用正版图书，采购、销售盗版图书属违法行为

本书如有印装质量问题，由我社事业发展中心负责调换，联系电话：(010)63567692

前　言

21 世纪的竞争是人才的竞争、知识的竞争和教育的竞争。培养具有创新精神、创新能力的人才不仅是未来知识经济社会的呼唤，还是教育发展的方向。随着全民健身和健康中国的深入推进，体育运动越来越受到人们的关注和喜爱，体育生活化是提高现代人生活质量的重要过程。高校大学生作为我国体育人口的重要组成部分，肩负着重要的历史使命与担当。对体育教学进行改革和创新，主要是根据目前教学中存在的问题找到症结所在，采取有效的解决措施，使教学得到突破和创新，缔造新型教学模式，从而培养出合格的人才。

本书从高校体育教学理论着手，深入探索了高校体育教学要素的改革，然后就高校体育教师专业化与专业的提升、高校体育人才培养创新策略的相关问题进行分析，提出了高校体育教学改革的对策，并通过实例介绍，让读者对高校体育教学改革创新发展产生全新的认识。

全书集系统性、科学性、新颖性于一体，理论研究科学严谨、语言描述准确、章节划分得体、结构体系完整，能够为高校体育教育创新发展提供合理建议和科学指导。为了确保研究内容的丰富性和多样性，在写作过程中参考了大量理论与研究文献，在此向涉及的专家学者们表示衷心的感谢。

本书难免存在一些疏漏，在此，恳请同行专家和读者朋友批评指正！

目　录

第一章 高校体育教学概述

高校体育教学是整个学校体育教育系统的关键组成部分，它在整个高校体育教育过程中起着主要的推动作用。其核心目标是培养出拥有健康的身体和创新精神的全面发展的优秀人才，使他们不仅在智力上有有出色的表现，而且在体育方面也有所成就。通过对体育教学的进一步的改革和研究，我们可以提升体育教学的质量，从而更快地实现教学目标。对高校体育教学基本理论的深入了解可以为改革工作的顺利进行提供重要的支持和准备。本章将从多个角度深入探讨高校体育教学，包括体育教学与高校体育教学的关系，高校体育教学的特点、目标、功能等，以此来全面了解高校体育教学的现状。

第一节 体育教学与高校体育教学

一、体育教学

(一)体育教学的相关概念

1. 体育教育

体育教育是一种通过身体活动进行教学的方式，主要目的是锻炼身体。

2. 体育教学

体育教学是实现学校体育目标的基本组织形式，也是学校体育的重要组成部分。它以目的性、计划性和组织性为基础，将相关知识和技能传授给学生，发展他们的智力，培养他们的品德，促使他们形成良好的个性，这个过程与其他学科的教学相似。然而，体育教学也有其独特性，实现学校体育目标和完成体育任务都需要体育教学这一重要途径。体育教学的范围很广，不仅指学校体育，还涉及竞技体育、社会体育等领域。

综合以上的观点，体育教学可以描述为：在学校教育环境中，学生在教师的引导下，主动积极地学习和掌握体育的基本知识、技能和策略，以提高身体和心理健康水平，增强身体活动的能力，同时增强对自然环境和社会环境的适应能力，塑造良好的思想品质和个性特质。

（二）体育教学的基本介绍

随着全球化的不断深入，体育事业的发展水平已经成为了评估社会进步和国家发展的一个重要指标。同时，国家与地区的交流也离不开体育这一桥梁。体育涵盖了竞技体育、大众体育、学校体育等多个领域，包括体育教育、体育活动、体育文化、体育竞赛、体育经济等诸多元素。尽管体育教学的概念可以追溯到很久以前，但真正的快速发展是在现代社会。自 20 世纪 60 年代以来，随着信息技术的飞速发展，人类社会进入信息时代。高科技、新技术、新材料、新能源、生物工程等在社会的各个领域得到了广泛应用，推动了社会生产力的提升，使人们的生活节奏，为人们带来了便利，提高了生活水平，改善了生活环境。然而，随着电气化、自动化和智能化的深入推进，人们的身心健康面临着巨大的挑战。

20 世纪 70 年代，联合国教科文组织对现代教育提出了新的人才培养要求：强调人才应适应社会的发展和需求，即培养出具有“健康的身体、崇高的道德品质和丰富的科学文化知识”的全面型人才。同时，联合国教科文组织指出，体质应作为评价人才的标准之一，也是“三育”（德育、智育、体育）教育中的首要标准。因此，这使得体育教学在学校教育体系中的地位和作用得到了显著提升，并引发了社会各界的关注。

在此后的一段时间里，各国纷纷对体育教学内容、教材和教学方法进行深入的改革和研究。例如，日本创造了“快乐体育”教学模式，深入探讨了体育教材的结构以及小团体教学法，打破了局限于运动素材的窠臼。这一改革有利于发挥体育教学在塑造人格、个性方面的作用，将体育教学提升到了全新的知识层面，促使体育教学更好地为人的身心健康和社会和谐发展服务。

(三)体育教学论

体育教学论是一门研究体育教学现象和规律的科学，它主要关注现代体育教学中的各种现象及其背后的规律。由于体育教学论既包含理论又涉及实践，因此可以将其划分为两个部分：体育理论教学论和应用体育教学论。在应用体育教学论中，体育理论教学论又可以被规划分为多个子类别。

二、高校体育教学

(一)高校体育教学的构成要素

高校体育教学的构成要素是指体育教学的结构要素与过程要素，具体分析如下：

1. 高校体育教学的结构要素

体育教学的结构是由对体育教学产生影响的各种要素及其相互之间的关系构成。体育教学的基本结构要素包括体育教材、教学方法、教师和学生等。总体而言，体育教学的结构由以下三个方面的要素构成：

(1)参与者。体育教学的参与者包括体育教师和学生，他们是体育教学的主体。

在体育教学的参与者要素中，体育教师扮演着外部主导的角色，主要职责包括计划、组织、管理、监控等。体育教师的专业素质对其职能的发挥和体育教学效果有着直接的影响，因此要求他们必须具备高度的敬业精神和优秀的业务能力。

在体育教学过程中，教师的主要教育对象是学生，这是另一个重要的教学主体。教师向学生传授体育知识和技能，学生应该在教师的引导下积极参与学习，发挥自己的智慧，从而取得良好的学习效果。因此，从广义上讲，在体育教学中，学生是一个重要的限制因素和调控因素。在教学过程中，作为受教育者的学生是一个群体，许多方面存在共性；但由于各种因素的影响，学生之间的个体差异也很明显。学生能否积极主动地参与体育学习，对教学质量有着决定性的影响。因此，针对学生的特点和差异，因材施教，激发学生的学习兴趣是体育教师的主要职责。

(2)施加因素。体育教学需要满足社会对学生的期望，这主要体现在体育教学的任务、内容、教学大纲、教学计划等方面，这些是外部施加给体育教学的影响因素，主要作用是连接体育教学的教师和学生。体育教学的过程是由任务、内容和计划等要素决定的，并以这些要素为基础来组织和实施教学。体育教学任务和内容的价值体现在两个方面，即显性和隐性，处理好这两类价值的关系有利于促进学生健康和谐地发展。

(3)媒介因素。体育教学是一个有组织的信息传递过程，需要在特定的时空条件下进行。媒介作为传递信息的渠道，具有针对性、可控性、安全性、抗干扰性、实用性等特点。为了能够顺利地传递信息，在体育教学中需要具备场地器材、环境设备和组织教法等重要媒介。

在这些媒介中，场地器材和环境设备是体育教学的基本物质条件。场地器材包括运动场、器械设备等，它们是进行体育锻炼和技能训练的必备条件；而环境设备则包括灯光、音响等，它们可以为学生营造一个良好的学习氛围，提升学生的学习效果。组织教法则是将学生、教材和物质媒介有机地连接起来，对教学过程进行调控的重要手段。通过合理的组织教法，可以使学生更好地理解和掌握体育知识和技能，提升体育教学的效果。

因此，体育教学质量能否得到保证，一定程度上要看是否具备高质量、现代化的媒介条件，只有具备了这些条件，才能够为学生提供更好的学习体验和教学效果。

在高校体育教学过程中,这三大要素是动态结合、不断变化的,其中教师的指导和调控起着至关重要的作用。体育教师需要熟练掌握各种教学艺术,充分调动学生的学习积极性,合理调控各种要素,以提高教学质量,顺利完成教学任务。

高校体育教学的结构要素见表1—1。

表1—1　高校体育教学的结构要素

结构要素	具体要素
参与者	体育教师
	学生
施加因素	教学任务
	教学内容
	教学大纲
	教学计划
媒介因素	场地器材
	环境设备
	组织教法

2. 高校体育教学的过程要素

高校体育教学的过程要素具体包括以下四个方面。

(1)体育教学目标。体育教学的目标决定了其价值取向。只有确定了教学目标,才能明确教学方向和归宿,并指导教学过程。在体育教学评价中,教学目标也是一个重要的定向参考因素。如果没有明确教学目标,教学就会失去方向,无法有效地进行。因此,在体育教学中,确定教学目标是非常重要的。

(2)体育教学内容。在体育教学中,体育教师所传授的体育与健康知识、技能和方法等都是教学内容的一部分。教学内容的质量直接影响着教学目标的实现和教学质量的提高。因此,科学选择教学内容,并有效地实施,才能使教学过程更加顺利,并达到相应的效果。

如果没有教学内容,体育教学就不能被称为真正的体育教学,而只是简单的体育锻炼。这时,体育就不再是一个学科,而是一项较为空洞的活动。因此,在开展体育教学时,选编和运用合适的教学内容非常重要。在制定教学内容时,需要充分考虑学生的需求、社会的要求以及学科体系的完整性。

(3)体育教学策略。体育教师根据教学目标和学生的实际情况,选择适合的教学技术和手段,这些技术和手段就构成了体育教学策略。此外,帮助学生理解教学内容的各种信息以及传递这些信息的方式,也属于教学策略的范畴。

体育教学策略与体育教学目标、教师、学生等因素密切相关,且对教学工作的成败和效率有直接的影响。为了更有效地开展体育教学,完成教学任务,需要科学地选择教学方法、组织形式和手段。

(4)体育教学评价。体育教学评价是依据体育教学目标制定标准,运用有效的技术手段测定和分析体育教学活动的过程和结果,并进行价值判断的过程。其主要目的是促进教学质量的提高和学生的全面发展。

体育教学评价是体育教学的一个重要组成部分,它与教学目标、教师等因素有着密切的关系。通常情况下,体育教学评价的指标由教师根据教学目标来制定。

(二)高校体育教学的原理

高校体育教学的核心内容是各种体育运动项目。因此,在设计高校体育教学内容时,必须重视不同项目的教学,并结合运动兴趣和情感体验,将具体的项目教学原理融入其中。这样,我们才能通过科学的教学方法更好地展现学生在运动技能形成和发展过程中的不断追求,以及更好地促进个体本能、生物价值观和社会文化价值观的融合。

高校体育教学原理既有理论层面的原理,又有实践操作层面的原理,具体见表1—2。

表 1—2　高校体育教学原理

体育教学原理	原理内容
理论层面	兴趣、情感、习惯、观念链式循环原理
	自在趣味性强化原理
	非自在动作规范强化原理
实践操作层面	自然追求与技术理性相结合原理
	练习与强化相依关系原理
	练习的适宜难度负荷原理

表 1—2 中，依据实践操作层面的练习与强化相依关系原理的机制与作用设计运动技术的练习，可促进体育教学与训练效益的提高。

无论是在理论层面还是实践操作层面，教学原理都是基于运动项目进化的价值观和科学和谐法则的基础发挥作用。

第二节　高校体育教学的特点与目标

一、高校体育教学的特点

（一）以传授体育技术、技能为主要内容，根本目的在于增强学生体质

大学生进行体育锻炼的主要目的是增强体质，以更好地为国家建设贡献力量。在体育教学内容中，丰富多样的运动项目是大学生锻炼身体的主要手段。因此，体育技术和科学知识都是大学生需要掌握的内容，同时也是体育教师主要教授的内容。通过反复学习和练习，大学生可以将所学技术转化为技能，从而能够自主、有效地锻炼身体。此外，了解体育科学知识也能够指导大学生科学地锻炼身体。

体育技术和体育知识是高校体育教学的重要内容。在高校体育课程设置中，体育技术内容通常比体育理论知识内容占比更大，这是体育教学与文化课程教学在内容上的主要区别之一。文化课程主要涉及文化知识，掌握这些知识有利于学生更好地从事生产实践并在实践中发挥自己的能力，而体育

课则注重技术和技能的学习，这有助于促进大学生身体健康成长。

（二）以肌体参与活动和教学组织的多样化为特征

在文化课教学中，学生主要通过思维活动来掌握教学内容。而在体育课教学中，学生需要进行身体活动，即除了思维活动外，还需要进行肌肉活动。在肌肉活动中，学生通过感觉肌肉，向中枢神经系统传递信息，经过大脑的分析与综合，从而在理性上认识体育技术、技能。如果大学生缺乏必要的身体活动，就无法掌握体育教学内容，特别是技术技能类教学内容。

在体育活动过程中，大学生的肌肉会反复受到各种刺激，从而建立起条件反射，通过这个过程，学生不仅可以学习体育技术，还可以锻炼身体、增强体质，进而提高健康水平。在高校体育教学中，身体活动对于大学生的身体和心理健康发育非常重要。

体育教学主要以集体教学为主，但由于学生在性别、性格、身体素质、活动能力等方面存在差异，再加上客观环境的影响，就需要采用多样的组织形式来满足不同学生的需求，适应不同学生的特点，从而提高教学效果。

在高校体育教学中，教师应该善于运用社会学、教育学、生理学、心理学等多种学科知识，精心组织体育课程，使体育教学过程符合教学规律的要求。

（三）以对学生品德、心理品质培养的特殊作用显示其教育功能

体育运动具有独有的特征，而体育教学正是通过这些特征对学生产生积极的影响。具体来说，首先，竞赛性是体育运动的重要特征之一，因此体育教学能够培养学生的竞争意识和竞争精神。其次，体育活动需要遵守规则，这有助于培养学生的诚实守信品质。此外，体育运动需要参与者克服自身的生理限制并勇敢面对外界阻力，这有助于培养大学生勇于拼搏的意志品质和吃苦耐劳的精神。最后，体育活动通常需要团队合作，这有助于提高学生的交际能力和协作能力，同时引导学生树立良好的集体主义精神和爱国主义精神。

总之，现代社会对大学生的要求不仅是拥有良好的知识技能，更需要

具备优秀的意志品质和思想品德。在体育教学中，这些素质的培养都是非常重要的。

在新时代，体育教学的教育功能变得愈加明显和突出。当前，全球正在进行一场新的技术革命，这为世界各国带来了良好的发展机遇，同时也带来了巨大的挑战。发达国家和发展中国家在某种程度上处于同一起跑线上，对于发展中国家而言，技术革命是接近发达国家发展水平的绝佳机会，人才的培养可以推动科技进步，教育则是培养人才的主要途径。只有通过促进中华民族整体素质的提升，人们才能从新技术革命中受益。

实现体育教育功能关键是提高人口素质，而体育不仅可以增强人民的身体素质，还可以培养人们的思想素质。因此，在高校体育教学中，体育教师应该确保教学方向的正确性，使体育教学更好地为实现社会主义现代化目标而服务。只有深刻认识体育教学的特点，体育教师才能更好地组织和管理教学活动，充分发挥体育教学在现代化人才培养中的特别作用，提高教学质量，为中华民族整体素质的提升和社会主义现代化人才的培养做出贡献。

二、高校体育教学的目标

(一)体育教学目标的概念

体育教学目标是指体育教学中师生预期达到的学习效果和标准：

(二)体育教学目标的分类

体育教学目标包括认知领域、情感领域及动作技能领域，具体分析如下：

1.认知领域的教学目标

认知领域的教学目标有不同的级别，这是由布卢姆等人提出来的。

布卢姆等人提出的认知领域教学目标的分类体系后来被安德森等人进行了改革，重新修订后的认知领域教学目标分类体系包括知识和认知过程两个不同的维度，它们各自有自己的目标（见表1—3）。

表1—3　认知领域教学目标的分类体系

二维分类	具体目标
知识维度	事实性知识
	概念性知识
	程序性知识
	元认知知识
认知过程维度	记忆
	理解
	运用
	分析
	评价
	创造

2.情感领域的教学目标

情感领域的教学目标根据价值内化程度可分为五个等级：接受、反应、形成价值观念、组织价值观念系统和价值体系个性化，这是有关学者依据价值内化的程度划分的结果。

3.动作技能领域的教学目标

如果按照动作技能领域目标的六分法，即“反射动作”“基本动作”“知觉能力”“体能”“技巧动作”“有意的沟通”，这是由哈罗等人提出的观点①。

（三）体育教学目标的结构

体育教学目标结构要素是分层的，是层层递进的。体育教学目标的结构要素主要包括以下四个方面。

1.学校体育目标

学校体育目标是指在一定时间内，学校期望通过体育活动所实现的

① 黎加厚，新教育目标分类学概论[M].上海：上海教育出版社，2010.

效果。它由三个要素组成:条件目标、过程目标和效果目标。

在制定高校体育教学目标时,应该以学校体育目标为依据,这样才能更好地实现学校体育目标,以达到预期的效果。

2.体育教学总目标

体育教学总目标指的是依据体育教学目的提出的体育教学预期成果,它包含以下三个方面的目标:

(1)实质性目标。使学生对体育知识和技能加以掌握。

(2)发展性目标。使学生身心素质得到全面锻炼和发展。

(3)教育性目标。使学生形成正确的世界观和良好的个性品质。

3.单元目标

单元目标是指导高校体育教学的重要目标,其为体育教师设计体育单元教学提供主要依据。体育单元教学目标有以下三种类型:独立型、阶梯型、混合型。

4.课时目标

体育课时目标指的是体育课堂教学目标,是每节体育课的教学目标,是具体的目标。

(四)体育教学目标的制定

制定体育教学目标,需要参考一定的因素,遵循相关的要求,从而确保体育教学目标的有效性,充分发挥体育教学目标的引导作用,具体见表1—4。

表1—4　体育教学目标的制定依据与要求

体育教学目标的制定依据	体育教学目标的制定要求
体育教学目标的特点因素	分析学生的需要(学习成绩、学习能力、学习条件)
教育要求因素	分析体育教学内容
体育功能因素	注意目标间的连续性
学生需求因素	注意目标间的层次性
教学条件因素	—

(五)体育教学的效果目标

我国高校体育教学的目标是增强学生体质、提高身心健康水平,培养学生的体育能力和思想品质，促进学生的全面发展，使他们成为合格的社会主义建设者。

现阶段我国高校体育教学的效果目标具体表现在以下四个方面：

(1)使学生身体得到全面锻炼，增强体质。

(2)使学生对体育教学的基本知识、应用技能等内容加以了解与掌握。

(3)使学生具备良好的思想品德，促进学生个性发展。

(4)提高学生的运动能力，为国家运动队培养并输送优秀的后备人才。

上述效果目标之间相互联系、相互促进，组合成一个统一的整体不可分割，需采取有力的途径一步步落实。

三、实现体育教学目标需坚持的基本教学原则

(一)日积月累，提高身体素质

1. 含义

“日积月累，提高身体素质”原则是指在体育教学中，经常通过适量的技能练习、各种游戏、比赛以及“课课练”，使学生的各项身体素质得到全面发展和不断提高。

2. 贯彻该原则的要求

(1)服从学生的身体发展状况来安排身体活动量。

(2)服从体育教学目标来安排身体活动量。

(二)因材施教，体验运动乐趣

1. 含义

在体育教学中，需要考虑到学生个性、身体素质和认知水平的差异。教师应该让学生在掌握运动技能和进行身体锻炼的同时，体验到运动的乐趣，激发学生对运动的热爱，并帮助他们养成良好的运动习惯，展现“因

材施教，体验运动乐趣”的教学原则。

这个原则是基于游戏的特性和体育教学中运动情感变化规律而提出的。体育运动本身就充满了乐趣，而乐趣正是体育活动的特点之一。一个人从不会一项运动到熟练掌握的过程，会经历成功并感受到乐趣。有些项目本身就非常有趣、充满变数，可以让人乐此不疲地进行下去。同时，在运动中同伴之间的巧妙配合也会带来许多意想不到的乐趣。尽管有些项目的锻炼过程可能会让人感到劳累和痛苦，但在锻炼结束后，人们会感到一种满足和愉悦，这也是体育运动充满乐趣的表现之一。体验运动乐趣是人们从事身体运动和参加体育比赛的目的之一，因此，让学生体验运动乐趣是体育教学的一个重要目标，教师需要想方设法地满足学生对运动乐趣的需求。

2.贯彻该原则的要求

(1)对运动乐趣问题要正确理解和对待。

(2)善于从“学习策略”的角度对运动乐趣加以理解。

(3)将掌握运动技能与体验运动乐趣的关系处理好。

(4)对有利于学生体验运动乐趣的教学方法进行开发与运用。

(5)为学生获得成功的运动体验创造条件。

(三)言行规范，增强集体意识

1.含义

“言行规范，增强集体意识”原则是指在体育教学中，要发挥集体的作用，将自己融入集体中，规范自己的言行举止，明确自己的位置和角色。教师引导学生不仅要完成自己的任务，还要积极协助其他同学，共同为达成集体目标而努力，这一原则强调了集体意识的重要性。

由于体育教学主要在室外进行，受到场地器材和活动范围的限制，因此体育学习通常以小组形式组织。这种学习方式与集体形成有着内在的联系。教师应该注重培养学生正确的集体意识和良好的集体行为，使学生学会关心他人、帮助他人，积极参与集体活动，为未来步入社会打下良好基础。

2. 贯彻该原则的要求

(1)对体育教学活动中的集体要素进行充分挖掘。

(2)采用教学分组的教学组织形式。

(3)向学生提出共同的学习任务,使其相互帮助,相互合作。

(4)处理好“集体意识”和“发挥个性”之间的关系。

(四)潜移默化,积淀运动文化

1. 含义

运动文化包括各种体育知识、运动技能、体育运动相关媒介等各种形式和物化状态的内容,是构成体育课程内容的重要组成部分。在体育教学中,让学生通过多种方式增加学生对古今中外优秀运动文化的了解和认知,掌握体育知识和技能,并通过自身实践不断积淀和提升自身的运动素养和文化水平,从而传承和发展运动文化,这也是《中小学体育课程标准》中的重要原则之一。

2. 贯彻该原则的要求

(1)将体育教学中的认知因素重视起来,使学生能够“学懂”。

(2)对有利于学生运动认知的教学方法进行开发与运用。

(3)对“发现式学习”和“问题解决式教学法”进行科学合理的运用。

(4)运用现代化工具培养学生学习的积极性。

(5)创造良好的运动文化环境。

(五)防微杜渐,保证安全环境

1. 含义

“防微杜渐,保证安全环境”原则是指在体育教学中,要创造和提供安全的运动环境,让学生能够安全地进行体育锻炼。同时,还要对学生进行安全运动的教育,增强他们的安全意识和运动安全保障能力。

在体育技能教学中,存在许多危险因素,如角力活动、非正常体位活动、剧烈身体活动、器械上身体活动、持器械身体活动等，这就要求教师在教学过程中提前预见潜在的危险，并制定应对不可预知危险的预案，为学生提供安全的软硬件环境，并进行安全教育，以消除潜在的危险因素。

2.贯彻该原则的要求

(1)在体育教学中建立安全运动的规章制度。

(2)防微杜渐，详细考虑所有危险因素(表1—5和表1—6)。

(3)制定防止伤害事故的预案。

(4)时刻进行安全警示。

(5)对练习内容难度进行控制，使其在学生能力范围内。

(6)充分发挥学生安全员的积极性。

表1—5　体育教学中可预测的危险因素

可预测的危险因素	举例
因学生身体素质差和活动内容差异导致的危险因素	(1)不熟悉运动 (2)力量不够 (3)动作难度大 (4)缺乏保护与帮助
因学生思想态度导致的危险因素	(1)鲁莽 (2)不听教师的建议 (3)没有做好准备活动 (4)着装不规范等
因场地条件变化导致的危险因素	(1)在破损的塑胶地绊倒等 (2)在雨雪地滑倒
因器械损坏导致的危险因素	(1)羽毛球拍头脱落飞出 (2)双杠折断 (3)绳索折断等
因特殊天气导致的危险因素	(1)酷暑天运动 (2)严寒天运动 (3)暴雨天运动 (4)狂风天运动
因学生身体状况变化导致的危险因素	(1)伤病期间勉强参加运动 (2)女生在生理期运动

体育教学中还有一些不可预测的危险因素，也要特别注意，见表1—6。

表 1—6　体育教学中不可预测的危险因素

不可预测的危险因素	举例
情况多变导致的危险因素	(1)球类运动的碰撞 (2)球类运动的摔伤
无法保护、帮助导致的危险因素	(1)跨栏跑 (2)球类比赛 (3)健美操比赛
各种意外导致的危险因素	(1)随机性摔伤 (2)不常见的伤害

为了在高校体育教学中顺利实现教学目标，必须严格遵循上述原则。教师需要以体育教学规律和特点为依据，对体育教学进行科学设计，整合教学资源，提升教学效果。同时，要突出体育教学的特点，充分发挥其作用。只有这样，才能让学生在愉悦的氛围中学习运动技能，增强体质，培养健康的生活方式，具体的体现教学原则的案例如表 1—7 所示。

表 1—7　科学贯彻体育教学原则的案例(以足球教学为例)

题目	进入足球世界	课时预计	10 学时	辅助内容	发展速度和灵敏性
单元学习目标	(1)对学生的足球学习兴趣进行激发，创造良好的足球文化氛围，使学生积极参与足球技术学习。 (2)使学生在挑战自我的过程中克服困难，达到目标，并体验欢乐。 (3)结合足球特点对学生的灵敏度和耐力素质进行培养				
课次	学习内容	课时学习目标	学习策略	辅助内容	改造规则
1	足球游戏	在游戏中感受足球的乐趣和魅力，使自己的应变能力得到充分发挥；了解足球运动基本规则；对个人与集体的关系加以体会	参与踢球游戏；组织游戏比赛	跑类游戏	按照橄榄球的形式参与比赛
2	运球与个人突破	对运球动作与方法有所明确；在比赛中合理运用个人突破技术；在足球游戏中，与同伴充分配合	各种玩球练习；各种运球练习；突破防守练习；分层防守练习；停球过人练习	规则介绍；合理冲撞与犯规	以底线为球门，运球越过对方底线得分

续表

课次	学习内容	课时学习目标	学习策略	辅助内容	改造规则
3～4	激动人心的射门	在研究性学习中明确脚背射门的技术要领;促进分析与解决问题的能力的提高;培养学生的良好意志品质	研究问题:如何射门力量大?如何才能准确射门?如何分析与归纳技术	速度练习	在射门前调整分层教学比赛
5～6	传接球技术	掌握脚内侧传球技术加以;提高技术水平;增强自信	传接球练习;点球大战;踢准比赛	介绍规则;灵敏素质练习	不设守门员进行比赛;必须在禁区外用脚内侧完成攻门
7～8	精彩的头顶球	记住头顶球技术的要领,提高在合作中感悟战术的意识。在设置的各种情境中进行练习,形成一定的技能	原地练习;攻门的分层练习;鱼跃的实战运用	基本自我保护方法	比赛中可以用手
9～10	足球教学比赛	体验足球的乐趣;对足球常用阵形与基本规则有所明确;在实战中对自己的运动技能进行检验;在比赛中与同伴协调合作	安排比赛阵形;组织教学比赛;点评自己和他人的表现	发展体能的练习;欣赏体育比赛	根据学生的水平设3分球

第三节　高校体育教学的功能分析

高校体育教学功能是指高校体育以其自身的特点对学生和社会产生良好的影响和作用。高校体育教学的独特特点包括培养学生的身体素质、促进学生的身心健康、增强学生的团队意识和协作精神、提高学生的文化素养和审美能力等。如果高校体育教学不能发挥其自身的功能,那么学生和社会也无法从中受益。

然而,要充分发挥高校体育教学的功能,不仅需要教师具备专业的知识和技能,还需要有良好的教学环境和设施,同时也离不开学生对体育教育的重视和积极参与。只有当这些因素都得到满足时,高校体育教学才能真正发挥出其应有的作用，为学生和社会带来更多的好处。

随着社会的进步和体育教学地位的不断提升，人们对高校体育教学功能的认识也越来越全面和深入，这都有利于进一步推动高校体育教学的发展，促进大学生的全面发展，进而有利于社会主义物质文明和精神文明建设。因此，我们应该更加重视高校体育教学的功能，不断探索和创新教学方法和手段，为学生提供更好的体育教育服务。

具体来说，高校体育教学的主要功能表现如下：

一、健身娱乐功能

高校体育教学的一个重要目标，是教会学生如何合理、有效地利用身体，保护身体健康。学生的体育学习是一种完善身体的过程，通过锻炼身体来提高身体素质。生物学规律“用进废退”在人体发展中体现得非常明显，只有科学合理地参加体育锻炼，大学生才能使身体的极限效能得到充分发挥。

在锻炼过程中，神经、肌肉会保持活跃状态，使人体运动系统和其他生理系统的功能得到有效的保障，并产生许多良好的反应。因此，在体育教学中，学生快乐地参与其中并获得健康的身心，关键在于学生是否从内心深处喜欢运动，是否情绪高涨。只有在这样的情况下，学生才能真正享受运动的乐趣，从而达到锻炼身体、提高健康水平的目的。

随着社会的进步和生活条件的改善，大学生的饮食营养已经得到了很好的保障，生活条件也得到了很大程度的提高，这为大学生进行身体娱乐活动提供了良好的条件。在体育教学中，学生的身体娱乐以身体活动为主要形式，相较于其他娱乐方式，这种方式更健康。

因此，大学生在体育学习中进行适度的身体娱乐活动，可以带来健身和愉悦的效果，这种身体娱乐活动不仅可以增强身体素质，还可以缓解压力、调节情绪，促进心理健康。通过参与体育活动，大学生可以更好地享受生活，也能更好地适应社会的发展和变化。

二、培养竞争意识

人类生活与竞技比赛存在高度的相似性，因为人类在自然、社会、对手等方面存在竞争关系。只有通过不断的竞争，人类才能超越自己，完善自己，过上理想的生活。因此，创造有利的条件来不断充实自我是竞争者必须重视的问题。这里的条件指的是竞争者受自己意识支配的合理竞争行为。

参加比赛和观看比赛都是人们生活中非常重要的竞争预演。运动场可以被看作一个浓缩的现实社会，这个小社会虽然比较特殊，但可以反映大社会的方方面面。在运动场上，可以培养参与者良好的品质和行为习惯，依据迁移原则，这些积极的变化会有效地作用于参与者的日常行为，增加社会认可和可接受度。

在运动场上有输有赢，社会生活的其他方面同样如此，只不过其他方面的输赢更多地体现在得意与失意上。胜者当然光荣，受人拥戴，但输家也不可耻，也需要人的认可与尊重。不仅是运动员，包括大学生在内的所有群体都应该养成胜不骄、败不馁，顽强拼搏，勇于进取的良好品质。

体育运动强调公平竞争，因此体育教学对于大学生良好竞争意识的培养具有重要意义。顾拜旦作为现代奥林匹克运动的创始人和奠基人，他不仅是一位伟大的教育家，更是一位竞技家。他曾积极地将英国的竞技体育制度宣传给法国人民，并通过奥林匹克运动有机地融合了体育与文化教育。

因此，竞技运动是高校体育教学的重要内容之一，通过传授相关内容，可以教育大学生不断超越自我，不断完善自我，树立良好的竞争意识。这种教育意义远比让大学生在竞技比赛中夺冠更为重要。

三、发展适应能力

在现代社会中，竞争日益激烈，生活压力也越来越大，适者生存的观念已经深入人心。因此，大学生必须具备良好的社会适应能力，才能更好地立足社会。体育教学对于培养个体适应能力具有重要的作用。

社会适应能力是一个广泛的概念,不同的人侧重点不同,但大学生只有具备全面的个人适应能力,才能更好地适应社会环境的变化。这里的全面包括身体、心理、情感、道德等方面,缺一不可。

体育教学贯彻“以人为本”的理念,充分尊重学生的兴趣爱好,这样的教育活动有利于培养和提高大学生的适应能力。通过参与体育活动,学生可以锻炼身体、锤炼意志品质、增强自信心和自尊心,从而更好地适应社会环境的变化。

四、改变行为

体育教学可以提高大学生的适应能力,从而影响他们的行为,产生有益的变化。在体育教学中,很多活动与行为都符合社会要求,因此很容易被社会认可和接受。与此相反,那些与社会要求不符的行为则难以得到社会的接受,甚至可能会遭到阻止。

合乎社会要求的体育活动对大学生来说具有很高的价值,能够促使他们不断调整自己的行为,向社会道德准则和行为规范靠近。此外,体育教学还有利于培养大学生的智力,发挥他们的聪明才智,使他们有想法、有干劲、有创新,并使大学生的行为更加机智、勇猛。

五、改造经验

经验对于每个人都至关重要,在生活中我们无时无刻不在积累经验,而经验的积累又使我们能够更好地应对生活。随着经验的不断累积,人们会逐渐提高自己的生活能力。

每个人的经验都是丰富多样的,对于参与体育学习的大学生来说,除了学习读写算等基本技能外,还需要具备多方面的专门经验。这些经验具体表现在以下两个方面。

(一)动作经验

坐、立、行、举手、投足等是最基础的动作经验;而判断距离、速度、时间等则是相对复杂的动作经验。在体育教学中，大学生需要掌握这些动作经验，以便更好地参与体育锻炼。

除此之外，大学生还需要具备应对突发事件的能力。例如在比赛中突然受伤或者遇到紧急情况时如何应对，而这些能力与经验也可以在体育教学中获得。因此，体育教学活动不仅可以培养大学生的基础动作经验，还可以提高他们的应变能力和危机处理能力，使他们更好地参与体育锻炼。

(二)品格经验

在体育运动中，品格经验非常重要。只有那些具备公平竞争、信守诺言、遵守法规制度、协调合作的参与者才能得到社会群体的认可。如果缺乏这些社会品质，往往会遭到排斥。

体育活动是一个展示个人品格和社交能力的平台。通过参与体育运动，人们可以磨炼自己的意志品质，增强自信心和自尊心，同时也可以提高自己的社交能力和团队协作能力，这些都是非常重要的品格经验，对于大学生成长成才至关重要。

在体育活动中，参与者需要遵守比赛规则和道德准则，尊重对手，遵守裁判的决定，不使用任何违规手段取得胜利，这种公平竞争的精神和遵守规则的态度是大学生不可缺少的优秀品格。同时，体育活动也需要参与者具备良好的沟通能力和协调能力，这样才能更好地完成团队任务，达成共同目标。

因此，在体育教学中，除了提高身体素质外，还需要注重培养学生的品格经验和社会技能，把他们培养成具备全面素质的人才。

(三)情绪经验

现代社会是一个文明社会，社会个体需要以文明的方式来表达自己的情感，否则会对社会的秩序和和谐造成负面影响。体育教学有助于大学生学会调节自己的情绪，保持良好的心理状态。

任何学生都需要具备良好的品质，这是必备的素质之一。体育教学是一种综合性的教育，同时也是非常重要的生活教育手段，能够积极地影响大学生的情绪、心智、行为、品性等，使大学生实现更加全面的发展。在体育教学中，大学生可以通过各种运动释放压力、缓解不良情绪，并通过团队合作、竞争等方式来培养自己的领导能力和协作能力。

因此，体育教学不仅有助于提高学生的身体素质，还可以培养学生的心理素质和社会技能，使他们成为全面发展的人才。同时，体育教学也可以让大学生更好地了解社会规范和道德准则，从而更好地适应社会生活。

第四节　体育教学改革的发展历程与趋势

一、学校体育教学改革的发展历程

（一）学校体育教学的改革历程

在指导思想方面，20 世纪 80 年代初以增强体质为主导思想的确立，打破了以往以传授运动技术、技能为中心的思维模式。

1990 年，《学校体育工作条例》的颁布施行使增强体质、增进健康的主导思想再次得到确认，增强学生体质、增进学生健康作为学校体育的首要目标逐渐取得共识。同时，随着思想的解放及认识的深入，快乐体育、终身体育、成功体育等多种学校体育思想也相继出现。由于认识的不断深入，对学校体育的结构功能与体育教学的结构功能有了新的看法，明确了体育教学与学校体育在过程、任务、内容及评价等方面的差别，促进了学校体育实践的发展。随着基础教育向素质教育的转轨，逐步形成了从社会、生物、心理等多维看待学校体育的观念，重视体育意识、习惯与能力的培养为终身体育打下基础，并将学校体育看作终身体育的一个子系统，学校体育思想也逐渐形成。

在体育教学方面，由于明确了体育教学与学校体育的区别与联系，确立了以体育知识、技能教学为主的指导思想，并在此基础上注重卫生保健知识及体育健身基本原理的教学，这些变化反映了中国学校体育在不断发展的同时，也在逐步适应社会的发展。

在体育教学发展的过程中逐渐注意到体育知识、运动技术、运动技能的区别，明确了增强体质与运动技术、技能及运动项目技能的关系为处理好三者之间的关系。

在体育课教学内容上，坚持健身性与文化性相结合的原则，既注意健身性也考虑内容的文化性，并注重对一些竞技运动项目进行"教材化"处理；坚持民族性与世界性相结合的原则，既继承现代项目内容又重视对民族传统体育内容的引入；坚持统一性与灵活性相结合的原则，教学大纲规定的选修内容比例逐渐提高，使教学内容在统一基本任务与要求的指导下，表现出较大的灵活性。

在课外体育方面，重视课间操、课外体育锻炼与课余运动训练。提倡丰富多彩、能充分发挥地区、学校的特色和传统的教学内容，注重组织形式多样、重视校内外结合，由此体育俱乐部开始出现。在课余训练方面，提倡为国家培养体育后备人才，重视课余训练和小学、中学、大学的"一条龙"制度建设。这些措施旨在促进学生全面发展和健康成长，同时也为中国体育事业的发展打下坚实的基础。

(二)学校体育教学的改革趋势

总的来说，随着素质教育和对学校体育功能认识的不断深化，学校体育的发展将呈现以下四个趋势：①在指导思想方面，更加注重社会需求与学生需求的结合，注重个性发展，科学化和社会化发展，注重培养学生的体育意识、兴趣、习惯和能力，注重体育与卫生保健的结合，注重体育教学与课外体育的结合，以获得整体效益；②在学校体育内容方面，注重健身内容和竞技文化的结合，并注重将竞技文化进行"教材化"，引入多种变式，将健康和运动文化知识融入到教学内容中，引进地方性和民族性的体育内容；③在组织形式方面，学生体育俱乐部和学生体育团体将受到更大程度的重视，校内外体育组织形式之间的联系也将得到加强；④在课余训练和竞赛方面，随着学校体育的发展以及运动训练体制的改革，学生的课余运动训练和竞赛将会有更大的发展空间，表现出多层次性的特点。

这些发展趋势将对体育教师提出更高的要求，同时也对旧有的体育教育专业培养模式和课程模式提出新要求。

二、体育课程改革研究

（一）“育新人”是新时代体育课程改革的着力点

时代新人是党的教育方针要求的德智体美劳全面发展的社会主义建设者和接班人的标准指向，具有时代性、发展性、创造性。所谓“育新人”就是要培育时代新人，而“新”体现在更具时代性特征、发展性潜能和创造性力量。体育课程改革约每 10 年 1 个轮次，每次改革都提出明确的方向，每次改革使得体育课程从理论到实践都更趋完善。新时代，新一轮的体育课程改革，同样符合改革的规律性，且更加凸显改革的时代性。体育是德智体美劳五育中不可或缺的学科教育，也是逐渐走向五育正中央的重要一育，体育的育人方向与育人效果不仅决定着全面发展人才的培养质量，而且，还体现了体育学科的成熟程度和价值追求。

新时代体育课程改革的着力点之所以聚焦时代新人的培育，是因为时代新人肩负着中华民族伟大复兴的重要历史使命，是实现中国梦的中坚力量。“立德树人”作为教育的根本任务，要在以体化德、以文化人方面，始终作为体育课程改革的明确要求。体育课程的发展最终聚焦在人的发展上，体育课程的改革无疑最关注的是要推动全体学生全面发展的改革。新时代人才的培养标准逐渐得到优化，不仅仅是专业性的发展与促进，更重要的是人的责任与担当的强化，是从个人到集体再到国家的热爱与奉献，新时代的人才肩负着重要的历史使命，体育与健康学科在全面育人的过程中，自然把“育新人”作为重要的出发点和落脚点，如果弱化对时代新人培养的重视，学科育人就难以达到理想的结果。因此，育时代新人无疑成为体育学科课程改革的着力点，源于育时代新人而创新理论，奔着育时代新人而具体实践。

（二）“一体化”是新时代体育课程改革的方向标

新一轮体育课程改革将何去何从，从教育改革的大趋势看，“一体化”

改革越来越凸显其时代特征。2018 年，体育学科与诸学科同步建设“一体化”课程，自此“一体化”便成为新时代体育课程改革的方向标。那么，为什么体育学科走向了“一体化”改革之道，对“一体化”的把握程度，决定着体育课程改革的深度和广度，影响着全面发展人才培养的质量。所谓体育课程“一体化”，是纵向衔接、横向一致、内在统一、形式联合的综合体现，是体育课程更加系统、完整和富有逻辑，以及更好地服务于学生的发展需求，更聚焦“以人为本”。

新一轮体育课程改革指向“一体化”，聚焦学生体育与健康素养，明确了运动能力、健康行为、体育品德课程核心素养关键要素的培养，提出了“教会、勤练、常赛”的具体要求，力求打造“学、练、赛、评”一体化的新样态体育课堂，更好地帮助学生在体育锻炼中享受乐趣、增强体质、健全人格、锤炼意志，为学生健康而幸福的人生奠定坚实基础。然而，之所以明确“一体化”的改革方向，主要是体育课程缺乏系统建构，尤其是与大中小学(幼)各学段应该学什么、学多少、怎么学、学到什么程度等缺乏明确而系统的规划有关。学科逻辑未能突出、实施效果受到影响，学生所接受的体育教育自然存在缺失，部分学生未掌握 1～2 项运动技能、不喜欢体育课、未养成运动习惯等现象仍存在。为破解衔接难题，提升教育质量，系统构建“一体化”体育课程理论体系、全面建立体育课程“一体化”实施方案、“一体化”推动改革是新时代体育课程的必然选择，是全面发展人才培养的重要期待，也是广大一线教师在新一轮课程改革背景下快速发展的动力之源。

(三)“体育选项走班制”是新时代体育课程改革的助推剂

体育课程改革要落到实处，必定会涉及组织方式的变革。学校体育以往开展的教学组织形式是自然班级授课制(也称为行政班级授课制)，其优点就是便于组织，无论是学校排课还是体育教师上课，与其他学科课程组织形式相同，学校和教师会省去较为复杂的组织流程。然而，常规的自然班级授课制(或行政班级授课制)劣势比较突出，主要体现在难以引导学生对体育的兴趣爱好和落实掌握 1～2 项运动技能的要求，因为，自然班级授课制大多采用“大统一”的教学内容、“一刀切”的教学方式，无法顾及所有学生喜欢的是什么运动、分别习惯于哪种学习方式，难以实施真正意义上的因材施教；学生对自己喜爱的、需要达成的掌握 1～2 项运动技能的目标难以实现。自然班级授课制难以满足每名学生的运动兴趣和运动需求，导致学生学习的积极性受到影响，同时，学生对某项运动的学练时间有限，掌握 1～2 项运动技能的目标也就难以达成。因此，新时代体育课程在教学组织方式上的改革已迫在眉睫。

“走班制”是 20 世纪初就提出并尝试在课堂上开展的教学组织形式，“体育走班制”是基于学科特点从“班文化”走向“队文化”的特殊组织形式，“体育选项走班制”在“体育走班制”的基础上，限定了走班方式是基于项目的选择而走，突出了 2 个同等重要的环节，即“选”与“走”，走班是基于所选项目而走。之所以明确选项走班，主要是考虑每名学生的运动兴趣存在明显差异，不仅男女生之间、不同年龄段之间所喜爱的项目也存在显著差异，即便是同一性别、相同年龄段的学生，其对运动的热爱也并非完全相同。因此，突出选项，能够尽可能地满足学生的兴趣爱好，学校在设置可供选择的项目时，就需要充分考虑学生兴趣爱好的广泛程度，尽管学校所能开设的运动项目不可能完全满足每名学生的运动需求，但“体育选项走班制”要比按照统一内容安排的自然班级授课制更体现“以人为本”，更注重学生的发展需求。“走”的方式除了需要按所选项目的“走”，还要考虑到学生的运动技能基础，所以，就学生而言，最终“走”到了哪个新班级，是由兴趣爱好和运动基础共同决定的，即在按项目分类的基础上，还要按原有技能水平分层，这样就更能凸显“体育选项走班制”满足发展的新的组织形式开展的价值和意义。

然而，值得进一步明确的是，并非所有的学校都能实施“体育选项走班制”，也并非所有学校都不能实施该创新组织形式。能否开展“体育选项走班制教学”，与学校领导对学校体育的重视程度有关，即能否支持、支持力度大小决定着是否能够开展此项教学组织形式。因此，学校领导尤其是校长要更新教育观念，优化学校体育发展，积极推进“体育选项走班制”，全方位发挥对体育课程改革的助推作用。

新时代，体育课程改革以“育新人”为着力点，以“一体化”为方向标，以“走班制”为助推剂，必然能将新一轮体育课程改革落细、落实、落全，也必将推动体育教育高质量发展，最终实现对青少年学生身心健康的全面促进。

三、现代体育教育的发展趋势

（一）“健康第一”的体育教育思想

健康是当今社会的核心理念，也是我国倡导的生活态度。接受健康教育对于每个人的成长和全面发展至关重要。健康教育和学校健康教育的概念最早由美国教育家霍列斯曼在 1800 年提出。世界教科文组织也明确表示，每个孩子都应享有健康学习的权利，注重增强他们的健康意识和实践能力，以提高全球民众的健康水平。

因此，为了适应时代的需求和社会的发展，未来的教学活动应该利用体育教学这一途径，加强对学生身体健康的教育，以达到强身健体、提升品德素养、促进身心全面发展的教育目标。体育教育和健康教育密不可分，相互促进。基于此，未来的体育教育理念应更加注重贯彻“健康第一”的思想，将健康元素融入体育教学中，让学生认识到健康的重要性，掌握强身健体的方法，激发对体育的热情。

在我国最新版的《体育与健康课程标准》中，也明确提出了“健康第一”的理念，强调促进学生健康成长是体育课程的最终目标。

（二）以素质教育为主线的体育教育

现代教育已经逐步发展为真正的素质教育，这种教育注重个体在各个方面的发展。体育教育是素质教育的一个重要组成部分，其核心在于让学生参与体育锻炼和比赛，提高身体素质、心理素质、社会适应能力等综合素质。在实施素质教育的过程中，身心健康素质是学生发展其他素质的重要基础，通过参与一定的体育教育，受教育者可以获得健康的身体、强健的体魄、强化的身体机能以及平和的心态和定期锻炼的习惯。因此，体育教育应以素质教育为主线，不断提升自身的教育品质，丰富教育内容，为培养全面发展的人才做出贡献。

(三)以创新性和快乐性为特征的体育教育

现代教育越来越注重对个体创新性的培养,创新是民族发展的动力源泉,创造性思维也是衡量一个人综合素质的重要指标。因此,任何教育都离不开对创新性的培养,体育教育也不例外。

体育教育工作者应该在日常的体育活动中,注重培养学生的创新创造意识,通过一些体育项目中的战术来训练学生的创造性思维,在体育教学中,让学生自己创造性地做出一些动作,如让学生自己创编徒手操,自己布置场上的战术等,不断增强学生的创造意识和创造能力。随着体育教育的不断发展,人们不断探索体育教育的形式。其中,快乐式体育教育模式流传到我国后,深受广大师生的喜爱,也在一定程度上缓解了学生的厌学情绪。

快乐教育模式的含义可以从三方面进行理解。①激发了学生的参与热情,提升了他们对体育运动的喜爱度。②这种教育模式可以说是通用的,适用于任何群体,对每一个学生来说,都会起到促进作用。③顾名思义,快乐体育一定会给学生带来很多乐趣,会让学生感受到体育运动的意义和价值,会让他们变得更自信。从以上分析来看,现代体育教育越来越重视创新性在体育教育中的培养,而快乐性也日渐成为体育教育中的一个重要特征,这两个特征将会不断促进体育教育的发展和完善。

(四)以终身体育为目的的体育教育

“终身体育”这一思想是由法国成人教育家保罗·朗格朗在 1965 年提出的。苏联学者认为,“终身体育”旨在培养学生进行体育活动和学习的主导能力,让学生在学习过程中掌握一项技能,养成终身进行体育锻炼的习惯,从而受益终身。这种思想的确立丰富了体育教育的内涵,推动了体育教育的发展。

终身体育包括两个方面的内容:一是人从出生到生命结束的整个过程中参与身体锻炼,确保终身有明确的目标,使体育成为人生不可或缺的重要部分;二是在终身体育理念的指导下,以系统化、整体化为目标,为不同时期、不同生活领域的人们提供参加体育活动的机会,实现实践过程。

终身体育倡导人们在学生阶段之外的各个阶段都积极参与体育运动，尽管每个阶段可能参与的运动项目不同，但都是为了促进身心健康的全面发展。因此，体育教育应致力于培养人们终身参与体育的意识，帮助形成运动技能的同时激发运动健身的兴趣，让受教育者充分认识到终身参与体育的意义和作用，达到体育教育的最终目的。

（五）探索“体医结合”人才培养模式

“体医结合”是指将体育与医疗相结合，按照医学理论体系科学归纳体育健身方法，并实现处方化。在“体医结合”思想中，体育具有健康（预防）、治疗、康复的作用。随着全民健身上升为国家战略，“体医结合”将成为推动健康中国建设、增进人民健康的重要战略依托。

为了适应当前社会发展对体育人才的需求，体育专业院校应抓住机遇，探索“体医结合”人才培养模式，拓宽人才培养渠道，培育体育专业院校新的办学特色。在“体医结合”思想中，体育具有健康（预防）、治疗、康复的作用。

在探索“体医结合”人才培养模式的过程中，体育专业院校需要注意两个方面：首先，探索“体医结合”人才培养形式及人才类型；其次，调整“体医结合”课程支撑体系。在“体医结合”形式方面，需要结合“体医结合”的指导思想以及大众需求来培养体育人才，主要包括传统中医学与体育的结合，竞技体育中的体能训练方法手段、身体监测、康复治疗手段在大众健身中的应用，民族传统体育与医学结合等形式。

例如，传统中医学与体育结合已经在成都体育学院开展，并发展成为学校的特色专业；竞技体育训练方法与大众健身方式相结合的实践探索已经在北京体育大学和首都体育学院进行。在传统体育与医学结合方面，北京体育大学成立了民族民间体育和体育养生专业，将导引术和太极拳等传统体育与健身、养生相结合。在体医结合人才培养课程体系方面，体育专业院校应当增设健身和医疗方面的课程内容，同时针对运动康复专业运动技术基础薄弱的问题，增加技术实践课程的学习。

(六)社会需求导向下的多元化人才培养模式探索

国家体育人才市场存在严重的体育产业和高质量大众健身指导人才的短缺,体育专业院校培养的体育人才就业难的问题,这反映出体育专业院校人才培养目标与社会需求之间的矛盾。因此,体育专业院校应该遵循社会发展的需求,探索多元化的人才培养模式。

根据高等教育对人才培养类型的划分,可以将体育专业人才分为应用型、研究型和复合型人才。相应的人才培养也可以分为三种模式:应用型人才培养模式、研究型人才培养模式和复合型人才培养模式。

应用型人才培养模式强调以社会服务为导向,注重理论知识和实践知识的掌握。

目前,应用型人才培养模式是体育专业院校本科专业人才培养的主要方式。为适应社会需求,培养应用型体育人才需要体现“厚基础、宽口径”“理论与实践并重”的培养方针。通过多种必修课程和选修课程拓宽学生的理论基础知识面,同时应紧跟社会发展及时增加新兴知识,以适应不同的社会需求(例如运动康复专业应增加健康、医疗课程,以适应“体医结合”人才需求)。此外,要注重学生的实践技能和实际操作能力的培养,以适应工作岗位的需求(例如体育教育专业、运动康复专业的运动技术能力)。

研究型人才培养模式侧重于理性、学术、知识等目标的追求。研究型体育人才培养应注重创新、专业和博学的发展。创新意味着把握专业和学术发展前沿动态,不断探索未知领域;专业指在体育某个专业领域有较深的研究和建树;博学指掌握深厚的体育学科专业知识,具有较强的学习、研究和实践能力。研究型人才培养模式主要适用于研究生层次体育人才培养。复合型人才培养模式则是应用型和研究型人才培养模式的结合,兼顾社会需求和科研导向,适合将办学类型定位于研究教学型的体育专业院校。

(七)办学过程开放化:办学社会化与交流国际化

在多元化发展、市场化和国际化的时代背景下,中国高等体育教育的单一办学体制出现了多种问题。因此,高等体育专业院校应该开放办学,提升其市场化和国际化水平。首先,体育专业院校需要向社会开放,增强服务国家和地区经济发展的意识,加强与地方企事业单位的合作交流,拓宽办学资金来源。同时,要增加与地方科研机构、高等学校以及其他院校的科研和教学合作,提高学校的科研和教学水平;要加强与国家和地方体育局的合作,增加对体育事业在科技、教育和训练方面的支持。其次,在国际化办学方面,体育专业院校应该在前期取得成果的基础上,进一步扩大对外交流合作的范围和深度,并在学术研讨、科研项目合作、体育项目引进、跨国课程开设、留学生培养等方面加强合作,提高高等体育专业院校的办学质量,增强在国际高等学校中的竞争力,加快“双一流”建设的步伐。

第二章　高校体育教学要素的改革

体育教学是实施体育和健康课程标准的主要形式，也是体现课程改革特点、实现课程改革目的的重要途径。高校体育改革是教育体制改革的重要组成部分，它关系着社会主义现代化建设人才综合素质的提高，也关系着全民健身计划的实施和终身体育目标的实现。高校体育教学包含各种各样的教学要素，如内容、方法、模式、评价等，这些要素之间相互联系、相互影响，每种要素的变化都会深刻地影响着其他要素的变化，进而影响到教学质量以及高校体育教学的改革。因此，本章将深入研究这四种教学要素，以通过它们的协调配合来取得教学效益的最大化。

第一节　高校体育教学内容的改革

一、体育教学内容概述

（一）体育教学内容的含义

体育教学是指在体育教学环境下，根据学生的发展需求和教学条件，设定教学目标，并通过教授体育知识原理、运动技术能力、比赛技能等方式来实现。

与一般教育内容不同的是，体育教学内容主要研究和教育大肌肉群的活动状态，这些内容包括身体练习、运动技术学习、教学比赛等。通过完成教育内容来达到教学目标。

与竞技运动不同，体育教学的目的是教育，而竞技运动的目的是娱乐和竞技。体育教学内容需要根据具体教育情况进行适当的改造、组织和加工，而竞技运动则无需进行。以世界网球锦标赛为例，比赛的目的是取得胜利、突破个人极限，打破世界纪录。在比赛中，内容体系是根据公正比赛原则组织和加工的，并不需要考虑通过田径来完成教育目的或从教育角度进行改造。

选择专项体育教学内容时，首先要设定教学目标，根据受教育者的年龄、个性特征、场地器材等具体情况进行教学课时和计划适度的调整和完善。同一个运动项目的教学内容和竞技内容并不完全相同，在教授过程中也存在较大的差异。

体育教学内容在形式上与其他教育内容有所不同，它与体育运动密切相关，主要涉及体育运动的内容。大众体育、竞技体育和学校体育在内容上也存在差异。体育教学内容具有自身的特点，选择教学内容和加工内容都需要考虑到教学过程的复杂性和多样性。

(二)体育教学内容的特点

1.实践性

体育教学内容最显著的一个特点是实践性。体育教学的绝大部分内容是身体练习，与体育活动密切相关。为了学好体育教学的内容，受教育者必须进行以大肌肉群运动为特点的运动，仅依靠口头、视觉、听觉和思维的教育方式无法完全掌握体育教学的内容，也无法实现体育教学的目标。

当然，体育教学的内容不仅包括身体练习，还包括体育知识和品德教育。体育教学内容的知识学习和道德教育需要通过亲身实践来完成，通过运动中的本体肌肉感觉和记忆来准确获得，这个特点与其他学科形成了鲜明的对比。

2.健身性

体育教学内容主要是以大肌肉群运动形式为主的技能学习和练习，

这些内容的学习肯定会带来一定的身体负荷，通过合理地安排运动量，体育教学可以帮助学生增强体质。然而，由于教学时间的安排、运动量的多少、学习目标的先后等各种因素的影响，增强体质往往是难以直接控制的副产品。

为了解决这个问题，体育教研部门在体育教学过程中采取了一系列措施，以追求体育教学内容的健康性。根据受教育者的身心特点来安排体育教学内容，并对健康效果进行科学化的管理。体育教学需要搭配以身体不同部位为主的活动训练，合理安排运动负荷大小，并认真评估每个教育内容的健身效果。与其他教育内容相比，体育教学内容具有明显的健康特性。

3. 娱乐性

体育教学内容以身体活动为主，而大部分身体活动属于休闲性运动，由此其本身就包含一定的娱乐和休闲成分。在开展新的运动项目时，受教育者可以在学习和竞赛过程中体验新鲜感和学会项目的成就感。学生们在学习体育教学内容中会形成竞争和协作，对运动环境、场地、比赛规则、比赛形式等进行再加工，很快就会产生对运动乐趣的追求动机。同时，体育教学的效果也会受到体育教学内容娱乐性的影响，这是与其他文化课教学内容的重要区别之一。

4. 社会性

大多数体育运动都是社会性的活动，需要学生集体参与、合作完成。在集体运动中，学生可以通过位置的变化来进行运动。体育教学内容比其他学科的教学内容更具社会性，需要以人际交流为基础，培养学生的社会属性，以及竞争和协同的精神。

体育教学内容可以将教师和学生更紧密地联系在一起，加强教师和学生的沟通互动，促进同学之间的交流和配合。通过小组进行的体育活动，可以使组内成员分工更加明确，体育学习中的各种角色变化远远多于其他学科。

5. 空间性

体育教学内容具有空间性的特点，主要是因为体育运动项目需要在固定的场地中进行。有些项目以场地命名，如田径、沙滩排球等。许多体育项目的教学内容无法离开场地，否则就无法正常进行教学。因此，体育教学内容受到空间的制约，更多地依赖场地器材设备，这些要素是传授体育教学内容的物质保障。

二、体育教学内容的分类

(一)根据身体基本活动能力

以人的走、跑、跳、投、攀、爬、钻、涉水等动作技能作为体育教学的内容，是体育教学内容比较常见的一种分类方式。

根据身体基本活动能力对体育教学内容进行划分，有助于提高学生的各种动作和活动能力，这种分类方式不受运动项目的限制，方便组合教材，特别适合对低年级阶段的教学内容进行分类。

然而，这种分类没有考虑具体的运动项目，导致体育教学内容缺乏针对性和专业性，无法满足高年级同学对竞技体育的需求。

(二)根据运动项目

体育教学内容根据运动项目分类是最常见的一种分类方法，主要是按照运动比赛的名称和内容进行分类。例如，篮球、田径、武术、游泳等。

这种分类方法在名称和内容上易于理解，与社会上进行的体育运动相一致。它在发展学生身体素质方面比较明确，有助于实现锻炼身体的目的，帮助学生认识各种运动项目和身体发展之间的关系。

但是，这种分类方法可能会否定一些中间性的项目和一些没有正式比赛或比赛不规范的体育项目，如手垒球、角篮球等。由于运动项目多以比赛输赢作为训练目的，对规则、技能等要求较高，不适合作为体育教学的内容。例如田径中的链球、铁饼等项目设置，都不适合作为青少年的体育教学内容。因此,需要对教学内容进行大幅度的改动,但改动后的体育教学内容可能会具有较大的差异性,甚至变得似是而非,不利于教学的正常开展,也会缺乏科学性。

(三)根据教学目的

根据教学目的对体育教学内容进行分类,是一种常见的教学内容分类方法。这种分类可以达到多种身体锻炼的目的,使教学内容的目的和教学方法更加明确,突破以竞赛为目的的教学内容编排体系,让学生可以学习到竞技体育的知识和各种运动技能。虽然分类时可能会出现内容重复,但不存在逻辑问题,还可以增强对教学的指导意义。

三、体育教学内容的改革

(一)传承传统体育教学内容

体育教学内容多以竞技运动项目的编排为主,注重对运动项目技术的教学。因此,体育教学内容比较固定单一。然而,新课程的改革增加了学校重新安排教学的机会,学校需要根据实际情况将传统教学内容与校本教材、地方特色项目和特色教材内容结合起来,增加教材的文化深度和娱乐程度,这样做不仅可以传承传统的体育教学内容,还可以在保留地方特色体育项目地域性的同时,发扬民间优良传统。因此,改革后的课程内容应注重传统项目(如田径、体操等)内容的传承以及健身性较强的内容。

(二)合理开发教材

学校应该结合本地区体育学科以及体育项目的实际情况、具体特点进行校本教材与教学内容的开发,这些开发内容在体育课堂教学、体育大课间、课外锻炼等方面都有很大的用处。国家、地方和学校都应该积极倡导有效合理地利用各种教学资源。广大的基层教师在这方面已经付出了很大的努力,并且取得了很好的效果,他们为丰富和发展体育教学内容做出了巨大的贡献。然而,在挖掘和开发校本教材与课程资源的过程中,出现了一些偏离和混乱的现象，因此我们不能盲目地进行挖掘和开发。

第二节　高校体育教学方法的改革

体育教学的对象是学生，由于学生性格特点的不同，教学方法的选择也需要灵活运用。教学方法是教法与学法的统一，需要根据不同的教学需求进行选择和调整。高校体育教学应该注重个性化，通过理论学习和范例掌握体育教学方法的实质和基本要领。正如谚语所说："教学有法，法无定法，贵在得法"。

一、体育教学方法的概念

如果存在教学行为，自然会有与之相应的教学方法。我国古代就有了教学方法。教学方法是教育者必用的一种教学行为，但难以对这一行为做出明确的界定。教学方法就是教师和学生为了实现特定的教学目标和任务要求，在教和学的互动中，所使用的方式和手段。教学方法综合了教授方法和学习方法，解决了教师怎么教和学生怎么学的问题。

体育教学方法融合于体育教学中，从而形成了体育特色。体育与教学方法的结合，便产生了具有体育特色的体育锻炼方法与运动训练方法等。体育教学自身的复杂性，使得体育教学方法的定义也较为复杂。

教学方法与教学法既有联系又有区别。教学法包括普通教学法和分科教学法。普通教学法是教育科学分支之一，主要研究教学的一般规律，涵盖教学的目的与任务、教学过程、教学原则与手段、教学组织形式、教学内容、教学效果的检查与评定等。分科教学法指的是各个学科所采用的教学法，如语文教学法、数学教学法等。普通教学法研究各科教学的共同规律、一般原则和方法，分科教学则研究某一学科的教学基本原理和方法等，前者对后者具有普遍指导意义，而后者是前者发展的具体应用。

教学方法与教学方式既有联系又有区别。教学方式通常是单独的思维活动或操作活动，在获取知识、技能的过程中，作为辅助因素存在，其本身并没有独立的教学任务。教学方法可以由不同的教学方式构成,教学方式也可以应用于不同的教学方法中。教学方法相对独立,是教学活动的要素,永远服务于一定的教学目的,虽然其本身并没有具体的阶级内容,但却受到一定的社会教育制度和教学任务的制约,具有一定的方向性。

体育教学方法是有层次性的,教师在教学中会使用各种手法或技术手段。

(一)教学策略

教学方法的广义概念可以称之为教学策略,它是传统教学方法的组合。教师通过运用各种手段进行教学的方式,被称为教学模式。

教学策略的内容主要包括对单元和课程的设计,其中一种常用的方法是发现式教学法。教学方法有很多种,包括提问法、总结归纳法等多种教学手法。

(二)教学方法

教学方法也可以称为教学技术,它是传统意义上的教学方法。是为了达到教学目标而采用的具体的方法,最常用的就是提问法,通过教师提问和学生解答,教学方法主要体现为课堂上某一个教学步骤。

(三)教学手段

教学手段也称教学工具,是传统教学方法的组成部分。教师运用教学手段进行教学的主要行为方式,最常用的是挂图法。通过运用挂图达到教学目的,这种教学手段主要体现在课中的某一个教学步骤中,教学场景的运用更为具体。

二、体育教学方法的原则

现代教学方法的原则主要有以下六点:

(1)拓宽学生的逻辑思维能力,发展智力。

(2)发挥学生的主观能动性,明确教师的主导地位。

(3)总结和指导学生的学习方法和学习技巧。

(4)培养学生健康的心理素质,激发学习动机和主动性。

(5)运用多种新媒体教学手段和网络资源平台。

(6)继承和借鉴国内外优秀的教学实践经验。

三、体育教学方法与手段的分类

(一)体育教学方法的类别

体育教学方法的分类是体育教学方法改革的核心问题。根据体育教学方法的外部表现和信息传递途径,主要依据以下六点对体育教学方法进行分类:

第一,教学方法的重要组成部分是媒体和信息途径。

第二,与知识学习相比,学习运动技能需要更多的媒体和信息途径,这种分类方法更符合我国中小学体育教学的实际情况。

第三,有利于教师整理体育教学方法,并对方法进行分类,特别是常用的教学方法,可以灵活选择和运用。

第四,关注教学方法的外部特征,重视学习活动的过程。根据教学活动的外部表现特点来命名教学方法,体现了独特的教学功能,反映了学生对教学过程的认知。

第五,信息传递的途径可以揭示教和学之间的关系。教师通过教学方法的外部特点控制学生的具体活动。教师和学生之间的制约在一定程度上决定了教学方法的外部表现形式。通过对教学方法外部形态和学生认识活动的特点进行分类,可以实现教学的相互作用和统一,这有利于发挥教师的主导作用并调动学生学习的积极性和主动性。

第六,教学方法之间相互联系、相互依存。不同的方法可以密切配合,共同发挥整体作用。由于教学目的和教学任务的重点不同,因此需要采用不同的教学方法。

依据上述六点，高校体育教学方法可分为五大类，即以语言传递信息、直接感知、身体练习、比赛活动、探究性活动为主的体育教学方法，具体有以下九种体育教学方法：

1. 讲解法

讲解法是一种教学方法，教师通过口头解释和演示，向学生传授体育知识和运动技巧。

2. 讨论法

体育教师引导学生就某一主题进行讨论，每个学生在小组内都有发表意见的机会，可以自由表达自己的想法和看法。这种通过讨论获取体育知识的教学方法被称为讨论法。

3. 谈话法

在体育教学过程中，教师通过向学生提出问题，引导学生进行回答，以此达到体育教学目标。这种通过问答形式来帮助学生获取体育知识和体会运动技术的方法被称为谈话法。

4. 演示法

演示法是教师通过展示实物或直观教具等方式，让学生在观察中感受体育运动的特点和技能，从而获得感性认识。

5. 示范法

示范法是教师通过身体力行的方式展示体育技能动作，学生则按照教师的范例进行学习和模仿。

6. 练习法

练习法是通过让学生反复练习同一个动作，以达到体育教学目标。这种方法需要体育教师根据教学要求进行安排和指导。

7. 比赛法

比赛法是指让学生在比赛的条件下进行练习的体育教学方法。

8. 游戏法

体育教师通过组织各种游戏，让学生们在游戏中学习体育运动知识，掌握各种运动技能的体育教学方法即游戏法。

9. 直观法

直观法是指体育教师在教学过程中利用视觉、触觉、听觉等感观来学习体育运动动作的体育教学方法。

(二)体育教学手段的类别

体育教学手段按照学生运动学习的功能进行分类，可以分为三类(表2—1)，教师通过对体育教学手段进行分类，可以更好地理解教学手段的特点和目的，掌握教学手段的具体用法。

表2—1　体育教学手段的类别

教学手段	内容
帮助学生进行认知	黑板、挂图、模型、多媒体演示
帮助学生加强本体感受	哨、节拍器、录音机、各种限制物
帮助学生进行思考和交流	学习卡片、录像片

四、体育教学方法的改革

改革高校体育教学方法已成为当前的重要任务，改革中需要以素质教育为指导思想，促进学生的身心健康，提升其心理素质、文化素质和道德素质，树立终身体育观念。体育教学改革是高校体育教学改革的重要支撑，需要教育工作者转变体育教学观念，创新并开发新的体育教学方法。

(一)转变教育理念

体育教学思想的发展基于更为系统的体育教学理论，能够对体育教育活动产生深远的影响。体育教学的思想基础是体育教学观念，要推动体育教学改革，就需要解放固有的教学思想，更新教学理念。体育教学改革需从教学观念的改变入手，从意识形态上推动体育教育活动的开展。为了推动教学方法和手段的创新，体育教育工作者需要更新教育思想和观念,并对传统教学观念进行创新。

这需要教育工作者树立素质教育、终身体育的思想观念,在现代体育教学的基础上,改革原有的体育教学方式,转变体育教学观念,从以教材、教师为中心转变为以学生为中心,调动学生的积极性。同时,还需要转变重知识传授、轻能力培养的观念,培养学生良好的个性和创造力以及适应社会的能力。

(二)发挥学生主观能动性

教师应该引导学生主动认识教学内容,加强与学生的互动交流,以促进学生身心发展。教学方法的选择和运用更多取决于学生的学习方式和教师的教学方式,二者在行动上应协调一致。在过去的整个教育过程中学生被视为听命于教师的消极被动个体,过于模式化,被视为装载知识的容器,一直处于被动从属地位,缺乏学习的主动性和积极性。师生之间缺乏情感互动,影响了教学方法的选择和运用,也会直接影响到教育效果。

学生是教育过程中的主体,教师和学生在教学中的地位应该是平等的,教师和学生的关系应该是交往和合作。教与学应该始终保持民主关系,教师和学生之间应该畅通无阻地交流,这样才能激发学生的积极创造性,实现教学平等。师生之间应该相互尊重、相互促进,共同发展进步,促使教学方法得到有效的运用。

(三)创新人才观

国际教育发展委员会认为,创造性是培养教育人才的重要目的之一。在竞争激烈的社会中,知识爆炸式增长,国家需要各类专业人才。学生学习知识和转化知识的能力在很大程度上决定了知识的创新进度,而这种能力需要教师在教学过程中进行传递。然而,当前高校体育教学仍然存在压制创造力和想象力的问题,我国人才总体创新能力较弱,更注重学生们的学习成绩,而忽视了学生们分析问题和解决问题能力的培养。

面对日趋激烈的竞争环境,要想在国际竞争中立于不败之地,教师应该改变传统的单纯灌输体育知识和技能的教学模式,向引导型和趣味型转变,通过设置参与体育活动的场景、运用启发式教学的理论和方法激发学生的学习动机,提高学生的主动性和参与度。同时,学生要明确学习目标，教师应注重培养学生自主学习和独立思考的能力，让学生创造性地解决自己学习中存在的问题。通过改变教学模式、变通教学方法、创新人才培养方式等途径，提高人才的质量和数量。

(四)注重传承与发展

在体育教学规律认识的基础上，人们不断总结和归纳出体育教学方法。高校体育教学方法的改革并不是全盘否定原有的教学方法，而是根据不同时期的需求和教育理论的发展进行调整和变革。无论何种方法都有其存在的道理，应该剔除糟粕，取其精华传承发展。

体育教育工作者实现教育目的的有效途径就是改革，这也是全面实施素质教育的重要手段之一。体育教学方法的改革需要与当今教育发展的趋势相适应，需要通过不断的理论创新，创造和完善教学实践，从而促进教育教学改革的健康发展。

第三节　高校体育教学模式的改革

在教学活动中，教师教授的内容和采用的教学方法直接影响着学生的学习积极性和主动性，同时也关系到教学质量和效果，以及教学目标的实现。因此，教师要想在教学实践中取得成功，就必须注重对教学内容和教学方法的选择和运用，即按照某种有效的模式来进行教学。长期以来，人们一直在不断探索教学领域中理论和实践沟通的桥梁，寻找它们之间的联系中介，教学模式就扮演着这样的桥梁和中介角色，连接着教学理论和教学实践。

一、体育教学模式的概念

体育教学模式是指在教学思想的指导下，结合丰富的实践经验，完成特定的教学内容，达到特定的教学目标并建立稳定的教学结构理论模型和实践模式。

与计划不同，体育教学模式不具有具体可操作性，而是一种基本结构或框架。它是在一定教学思想和理论指导下建立起来的，是一种策略体系。

体育教学模式的重要特点是描述教学流程。它将教学程序、教学手段、教学组织形式融合在一起，使教师能够清楚地知道要做什么以及如何做，并将抽象的理论转化为具体的操作流程。它体现了规划、调节、评估整个教学活动的完整流程，是教学理论和实践相互联系并相互转换的桥梁。

体育教学模式是一种体育教学程序，以某种体育教学思想和理论为基础，包含相对稳定的教学过程结构和相应的教学方法体系，能够构建出多种体育教学模式。不同的体育教学模式反映了不同的设计思路，主要体现在体育教学单元和教学课程的设计和实施上。

为了提高学生的发现和思考能力，建立发现式教学模式是必要的，这种指导思想决定了体育教学模式的性质、特点和效果评价。体育教学模式由三个基本要素构成，即教学指导思想、教学过程结构和相应的教法体系。其中，体育教学指导思想发挥着重要作用，有助于发展学生的认知能力，并体现教学模式的理论性。

基于这个思想，可以建立具有让学生发现和解决问题作用的教学过程结构，以支撑整个体育教学模式的构建，并体现其稳定性。同时，建立的教学方法体系还可以填充整个教学过程，从而体现体育教学模式的直观性和可操作性。

设定问题、提出假设、验证学习、集体讨论、提出答案，这是一个完整的教学过程。为了使整个教学过程更加丰富，可以采用设问、组织学生进行验证问题、组织学生讨论等方法来丰富教学过程。

二、体育教学模式的特点

不同的教学模式影响因素和组合方式各不相同，因此在不同的情况下适用范围也不同。具体有以下六大特点：

（一）指导性

教学模式是教学理论或思想的具体体现，具有一定的指导作用，是某种理论指导下的教学行为规范。不同的教学理论会形成不同的教学模式，例如基于行为主义心理学理论的程序教学模式、基于认知心理学派的学习理论的概念获得模式和先行组织概念模式等。

体育教学模式的理论性意味着任何较为成熟的体育教学模式都必然反映了某种体育教学指导思想，体现了某个教学过程理论的教学顺序。只有明确了教学指导思想和理论基础的教学模式，体育教学模式才能更加完善。因此，体育教学模式与教学思想和理论之间存在相互依赖关系，形成了教学模式的指导属性。

（二）操作性

在教学模式中，操作程序是特定的逻辑步骤，它规定了在教学活动中师生应该先做什么，后做什么，以及每个步骤需要完成的任务。这些步骤具有明显的时间性、顺序性和可操作性。例如，赫尔巴特的教学模式注重传授知识，分为四个阶段：明了、联想、系统和方法；杜威实用主义教学模式包括五个步骤：情景、问题、假设、推理和验证。教学程序源于教学阶段，根据教学内容进行设计，具有可操作性。

建立新的体育教学模式意味着打破传统的体育教学模式，展现独特的教学效果。教程安排的特殊结构或某个特殊的教学环节都会体现出这种具有独特特点的教学效果。人们可以通过确定教学模式来设置独特的教程或教学环节，从而重现这种教学模式。

（三）稳固性

教学模式是在教学实践的理论基础上建立起来的，遵循体育教学活动的普遍规律，并不包含具体的学科。它所提供的程序对教学起到重要的参考作用，具有一定的稳固性。教学模式是根据教学理论和教学思想构建起来的，一定的教学理论和教学思想是一定社会的产物。

教学模式与各历史时期的社会政治、经济、文化教育的发展水平相联系，往往会受到教育方针和教育目的的制约和限制。一个新型的体育教学过程结构的确立建立在体育教学模式的基础上，具有一定的稳固性。

然而，当教学模式针对不同的人在不同的时间内运用时，基本的程序和主要的环节并没有很多变化，这意味着教学模式并没有真正地建立起来。因此，教学模式只是一个似是而非的教学程序模型，需要不断地进行调整和完善。

(四)整体性

教学模式并不是单一的教学方法、程序或策略,而是由理论依据、教学目标、操作程序、实现条件、教学评价等因素构成的有机系统。从理论上可以解释,过程中有始有终。教学模式体现了教学过程中的某个方面,并展示了各种因素之间的动态关系,能从全局上把握教学过程的始末,具有完整性的特点。

体育教学模式的形成必然会促使教学程序的整体优化。而如果只是局部的改变,将不会产生良好的教学效果,也不会形成一个完整的、科学的体育教学模式。因此,建立新的体育教学模式需要全面考虑各个方面的因素,并在实践中不断调整和完善。

(五)多样性

当教学的每个环节构成逻辑联系时,会出现不同的模式。当每个环节构成一定逻辑关系时,教学模式也随之变化。然而,教学不能被模式化,也不能用唯一代替多样。每种教学模式都有自己的特点,也有自己的适用范围和针对的对象。教师需要根据教学目标、自身条件、学生个性、课程要求和具体的教学环境提供具体情况,利用和改造教学模式,这体现了教学模式的多样性。

体育教学模式并不是万能的或者绝对的,每个教学模式都具有特定的功能和特点,一般都有一个大致适应的范围。由于各个体育教学模式的特点不同,其对应的范围也会有所不同。例如,某个模式可能适合某些类型的教材、学生、场地设施条件等,而另一个模式则更适合其他情况。因此,在教学中选择合适的教学模式需要考虑多个因素,以确保教学效果最佳。

(六)评价性

任何一个成熟、科学的教学模式,都有特定的教学指导思想作为基础,并且会对教学过程结构进行客观评价,建立与之相对应的评价方法体系。对体育教学模式进行整体评价,能够体现出教学价值观和体育教学组织的可行性。

任何一种体育教学模式都会对教师进行客观公正的教学评价。评价的内容不仅包括教师对教学模式的理解程度，还包括教师的参与、认识和学习能力等方面。这不仅是对教师的评价，也是对整个教学系统的评价，有助于使体育教学模式的形成过程更加符合自身的规律性。

三、体育教学模式的改革

从体育教学创新改革的角度来看，体育教学模式不仅代表了某种教学思想与理念，以及一定的评价标准，还具备一定的可操作性。因此，体育教学模式是一种比较完整的教学改革。为了发挥体育教学模式应有的功能，我们需要创新体育教学模式，这也是未来体育教学模式研究、体育教学深化改革的方向。

（一）教学模式多样化

体育教学模式是教学系统和教学过程具体化和实际化的体现。由于不同的教学思想、理念、原理的影响，体育教学模式具有自身的特点，在结构和功能上也会有所不同，最终形成各种各样的体育教学模式。

随着体育教学改革的不断深入，体育教学模式的种类也越来越多。与教学方法和教学组织形式不同，体育教学模式既有理论支撑，又有实践验证。未来，体育教学模式将朝着多种模式并存、相得益彰的方向发展。

（二）教学模式专业化

在新时期，体育教学模式已经突破了原有的固化形式。目前，许多人正在研究和讨论各种类型的体育教学模式，但它们并没有明确的方向和范围，这造成了一定的混乱。新的体育教学模式是否应该被纳入传统的体育教学模式中？模式创新应该如何遵循规律才能满足体育教学实践的需求？这是当前体育教学实践中急需解决的问题。

（三）模式研究理论化

体育教学模式由多个要素构成，并在特定的教学思想指导下建立，反映了体育教学的规律和原则，是一种教学策略体系。具体表现为教学模式思想、方法、评价等内容，具有较为完整的结构。然而，我国当前的体育教学模式的理论研究还不够成熟，缺乏可操作性，会引发一系列具体的实践问题。许多理论问题的表述主要借鉴教育学科的理论知识，这导致了对一些理论上的误解和混淆。例如，人们容易产生体育教学模式就是一节体育课、一节体育课就代表一种教学模式的误解，但实际上二者并不等同。

由于缺乏对体育教学模式的系统化研究，许多基层的体育教师很难准确把握各种体育教学模式的本质特征以及优缺点，导致各种体育教学模式被混用。体育教学模式分类体系模糊不清，科学性不足，导致随意发挥和低水平现象的重复现象，以及与其他形式的混淆。此外，体育教学模式命名和创新也比较混乱，没有统一的标准，使得越来越多的体育教学模式出现，无法控制。因此，深化理论研究非常必要。

(四)优化体育教学模式

为了适应素质教育，体育工作者需要在体育教学模式改革中进行全面反思，建立符合体育教学特点的教学模式。然而，目前体育教学研究存在混乱无序的情况，各学者和实践者各自为政，没有统一的标准和方向。因此，有必要对体育教学模式进行整理、简化和优化，增强其操作性和灵活性。

第四节　高校体育教学评价的改革

一、体育教学评价的概念

根据体育教学的目标和原则，对体育教学的内容和过程以及结果进行评估和测量，这就是体育教学评价。

在特定的教学目标和原则指导下，实施体育教学评价。一方面用以实现预设的体育教学目标，此外，体育教学原则为评判教学是否合理、是否符合基本教学要求提供了依据。另一方面，体育教学目标则被用作评判体育教学是否达到了预先设定的成果、是否完成了任务的依据。这种评价具有直接性和科学性，具有有效性和可靠性。教师通过使用科学可行的评价方法，对教学过程和教学成果进行客观的判断，提供改进教学的信息，并对被评价对象进行资格认证，以实现体育评价。

体育教学评价主要针对体育教学的过程和结果，而其中的重点对象则是学生的学习水平和品德行为。与此同时，教师也是体育教学评价的对象，评价内容包括教师的教学水平和师德行为等。

教学评价是对教学过程、教学成果的价值判断，是教师教和学生学相统一的过程。在这个过程中，教师明确教育目的，制定教学计划，并指导学生学习。学生则在教师的指导下主动学习，以达到教师预先设定的教学目标。

教学过程的评价主要包括备课、上课、辅导以及学生学业成绩考查与评定等环节。此外，还会对教学的内容、形式和方法进行评定。

教学成果的评价主要针对学生的学习能力、学习目的、学习态度以及人格的变化。这些变化是教学活动的直接表现，同时也是对教师教学能力和教学效果进行判断的基础。

二、体育教学评价的特点

（一）学生自身身体素质差异较大

每个学生在身体和技能方面表现出的先天差异很大，特别是在思维、分析、判断等智力方面。考试试卷成绩所代表的智力差异和学生在同一运动技术上所展现出的身体形态、运动素质差异也非常明显。

在体育教学中，经常会有学生训练非常努力，但运动成绩却并不理想；而有些学生虽然练习次数较少，却能取得优秀的成绩。因此，体育教师在组织教学或进行评价时，必须具有较高的标准，激发和调动每一位学生的积极主动性，发挥每位学生的特长，实现全体学生的进步和发展。

（二）多视角

体育教学评价的目标包括运动参与、技能、身体健康、心理健康和社会适应等方面。评价内容既包括对过程的评价，也包括对结果的评价。例如：教师对学生、学生与学生之间的评价，以及教师的自我评价等。体育教学评价的方式主要包括定量评价和定性评价两种。此外，体育教学评价的侧重点也非常多样。因此，在体育教学评价中应该采用多种视角和方式，以促进学生的全面进步和发展。

（三）尊重学生

学生的自尊包括心理和身体两个方面，而学生的身体自尊与运动技能学习和身体素质评价密切相关。在体育教学中，不恰当的评价可能会伤害学生的身体自尊，导致学生对体育运动产生厌恶，从而降低学生参与体育活动的积极性，甚至拒绝参加体育活动。

因此，教师在教学过程中应该尊重学生，保护好学生的自尊心。如果在评价过程中教师需要特别留意并选择合适的方式进行教学评价，注意负面影响，选择人性化的评价方法，避免会伤害学生的自尊。

三、体育教学评价的内容和方法

（一）体育教学评价的内容

1. 教师评价学习

在体育教学中，传统的评价方式主要是由教师来评价，评价的主体是教师，评价的对象则是反映教学效果的教学过程和学生的表现。这种评价方式非常重要，评价内容不仅包括教师在学习过程中对学生的鼓励，还包括学习结束后，教师对学生学习成果的评定。

2. 学生评价学习

新的教育理念更加强调学生的主动评价，关注学生对教学过程和效果的评价，这种评价主要通过学生的自我评价和相互评价来实现，这两种评价方式有助于培养学生自我反省和客观评价的能力。评价内容有助于培养学生的民主素养，提高他们客观、公正的评价能力，使他们能够行使民主权利，并不断提高观察事物和分析问题的能力。

3. 学生评价教师的教学

现今的教育理念非常重视学生对教学的评价，评价内容包括教学过程和教学效果两个方面，这种评价方式主要通过学生在学习过程中的即时反馈和参与评价活动的形式来实现。

4. 教师评价教学过程

教师评价教学过程可以提高教学质量，其形式主要包括教师的自我评价和教师之间的相互评价活动，这些评价形式包括正式和非正式的，既可以是个人评价，也可以是体育教学组内教师互相评价，还可以是校际评价。此外，评价时间也有平时性和集中性的形式。

(二)体育教学评价的方法

1. 教师的总结性评价

教师进行总结性评价，分析学生的学习效果，是教师对这一阶段教学质量的总结和比较的过程，这种评价主要是以体育成绩评定的方式进行。教师进行总结性评价的内容主要有以下四个方面：

(1)体育态度。体育成绩的分值是 10 分，评价的内容包括出勤率和态度，评价的方法是出勤统计和主观性评价相结合。

(2)体育知识。体育成绩的分值是 20 分，评价的内容包括项目知识和锻炼知识，评分方法是理论知识考试和主观评定相结合。

(3)运动技能。体育成绩的分值是 30 分，评价的内容包括有关运动技能，评分方法是技能考试和主观评定相结合。

(4)运动素质。体育成绩的分值是 40 分，评价的内容包括速度、耐力、柔韧、灵敏、力量等素质，评分方法是素质测验和主观评定相结合。

2. 学生自主评价

学生自主评价体现了学生自己对体育学习的态度和表现的自我认

知，有助于学生增强自我认识和自我教育的意识与能力。自我评价的标准是学校制定的评价目标，以此来判断个人达到目标的程度。此外，学生也可以自主选择目标，并通过自我评定来判断自己的优势和进步。

(1)评价内容。自主评价的内容主要包括学生的学习目标、参与程度、拼搏精神、学习效果等方面。

(2)评价方法。自主评价的方法包括学生可以选择自评、自我反馈、自我暗示等多种方法。

(3)评价手段。自主评价的手段主要包括学生可以通过复习学习目标、使用学习卡片、进行成绩前后对比等方式来评估自己的表现。

3. 教师自我评价

教师自我评价主要通过分析问题与不足，总结经验教训，是一种自我认识、自我教育、自我提高且具有内省机制的评价。

(1)评价内容。教师自我评价的内容主要包括教学思想、个性化的教学模式、教学效果等方面。

(2)评价方法。教师自我评价的方法包括自省、自评、自我总结等。

(3)评价手段。教师自我评价的手段包括回顾目标、对比学生前后的变化、听取学生意见等。

4. 学生评价教学过程

学生评价教学过程的意义在于随时反馈教学内容，教师根据反馈信息及时改进教学方法和内容，是民主教学的重要体现。教师应积极听取学生的意见，同时学生也应该主动提出自己的想法和建议，这种评价方法可以随时进行，没有固定的时间限制，方便快捷，但需要教师具备民主的态度和灵活掌握体育教学的能力。

(1)评价内容。学生评价教学过程的内容主要包括教师选择的教学内容、设计的教学过程、选择的教学方法等。

(2)评价方法。学生评价教学过程的方法主要有评课、反馈、建议、要求等。

(3)评价手段。学生评价教学过程的手段主要包括学习卡片上的对话、意见表、课中随时提问等。

四、体育教学评价的改革

(一)充分发挥体育教学评价的反馈功能

体育教学评价的反馈功能是体育教学环节中的一项基本功能,在实施体育教学评价的过程中,应将教学评价与体育教学的其他要素有机结合起来,不能仅仅为了评价而评价。要将教学评价与预设目标紧密结合起来,如果评价结果良好,则预设目标合理;如果评价结果不理想,则需要进一步调整思路,检查教学环节和策略是否存在问题,改进教学实践工作,这样的评价才具有真正的意义和价值。

(二)建立科学全面的评价体系

教学包括教师的教和学生的学两个方面,因此教学评价也应该从这两个方面展开。目前,有关学生学习评价的研究较为丰富,但有关教师教学的评价主要集中于课堂教学评价,关于教师教学的评价与学生学习的评价内容难以达到全面、科学的标准。因此,还需要对教师与学生在教学方面的评价进行深入研究,建立一套更为客观、全面的评估体系。

(三)重视提高体育教学质量

学校体育教学的主体部分是体育课堂教学,它是组成体育教学的最基本单元。随着有效教学概念的提出,人们越来越关注体育课堂教学的质量。近年来教育及其他领域评价方法的快速发展极大地提升了体育教学质量评价研究的深度和广度。

尽管学者们提出了很多建议,但在实际操作和应用中仍存在一定的局限性。由于评价主体具有个体差异性,与食品质量、产品质量等相比,教学质量的评价难以设置恒定的量化标准,这无疑加大了监控教学质量评价的难度。同时,体育教学也有其独特之处,需要积极面对,并加大对体育课堂教学质量的有效评价和监控。

第三章　高校体育教师专业化与专业的提升

第一节　高校体育教师教育发展的抉择

随着社会的进步和体育科学、教育科学的快速发展，体育教育的内涵和外延都发生了深刻变化。传统的以运动技能为导向的高校体育教师教育已无法满足体育教育由经验体育教育转变为科学体育教育的特殊需求。显而易见，学科专业智慧与学科专业从业者的智慧存在差异。

运动技术技能是高校体育教师从基础教育到高等教育阶段所教授的学科专业知识，是每个受过教育的人掌握的基本知识。存在的差异，也只是在程度和水平上有所不同，并不像医生、律师等专业那样，不从事该专业的人对其专业知识一无所知。将“运动技术技能”作为高校体育教师职业发展的基点，可能导致高校体育教师“专业”被替代。

高校体育教师必须具备一定的运动技能水平，这是开展体育教学工作的前提。然而，必须明确的是，对于高校体育教师职业而言，运动技能技术只是他们用来教学的工具和手段。此外，高校体育教师的运动技能与运动员的运动技能是完全不同的结构形态。从范围上看，高校体育教师的运动技能要求全面，即所谓的“多能一专”或“一专多能”，而运动员的运动技能则往往局限于某个单一的运动项目。从技能水平上看，对高校体育教师的运动技能没有很高的要求且没有体能要求，满足教学要求即可，而运动员则追求运动技术的最优化和体能的极限性。

因此，单纯的运动技术不能成为高校体育教师专业发展的价值取向，一定的运动技能只是高校体育教师职业方法手段层面的要求，不能成为高校体育教师专业发展的目标。

教师职业的特殊性要求以如何教授知识和能力作为基点。通常教师专业知识包括“教什么”的学科知识和“如何教”的教育知识，前者又被称为本体性知识(subject－matter knowledge)，后者又被称为条件性知识(conditional knowledge)。教育是一种培养人的活动，教师以培养人为天职，以处于各个年龄阶段的学生为教育的对象。因此，教师必须掌握和研究人身心发展的规律，学习相关的教育教学原理，掌握培养人的理论、方法和实践知识。同时，教师要根据学生身心发展的特点，通过学科知识的学习来培养未来需要的人才。所以，教师也必须掌握将知识更好地内化为学生的知识和能力的理论、方法和实践，即学科教学法等方面的知识。

一、体育教学技能的操作性特征

高校体育教师的教学技能具有四个特征，即操作性、缄默性、个体性和实践性。其中，操作性是首要特征。运动技能是体育课程的主要手段和方法，没有运动技能的教学，体育课程就失去了灵魂。因此，一定的运动技能是高校体育教师能力结构的重要组成部分。从现代认知心理学的角度看，技能的本质是一套操作程序控制了人的行为，包括外在的身体活动和内在的思维活动。程序性知识概念实际上也是一套操作规则或程序支配人的行为。所以，程序性知识概念实际上包含了我们平常所说的技能的概念。可见，运动技能技术是一种操作形态的知识，而高校体育教师的教学技能也具有操作性的特征。

二、体育教学技能的默会性特征

英国哲学家波兰尼指出，人类拥有两种知识：一种是用书面文字或地图、数学公式来表述的知识；另一种则是不能系统表述的知识，例如我们有关自己行为的某种知识。如果我们将前一种知识称为明言知识的话，那么我们就可以将后一种知识称为默会知识。体育技术、方法的语言文字表述,仅是一种经验性的表述,我们对运动技术的表达和传授,也只能是粗略、模糊的。运动技术、技能的"奥妙"与"诀窍",是难以言表的,须由学习者在反复的实践中去感受和体验。比如,在骑自行车、滑冰、游泳等项目中,学习者尽管可以掌握许多别人告诉他的显性规则,但是对他来说这无论如何都是不充分的,他必须在实践的过程中真正地理解和应用这些规则。没有这种对新规则的个性化的理解、应用及分析,一个人就不可能学会骑自行车。

虽然高校体育教师的教学技能无时无刻都在影响、支配着体育教学实践,但由于其自身的默会性,高校体育教师本人也难以对之进行反思、分析和批判。高校体育教师教学技能的默会性同时也说明,这种技能是难以形式化并通过他人的直接教学来获得和提高的,而只能由当事人通过对教学的实践与反思去构建和创造。

第二节　高校体育教师发展的新方向

职业专业化是近现代社会的重要特征之一。"职业",英语为 vocation 或 occupation。《韦伯第三国际英语辞典》对 vocation 的解释是"一个人通常为了报酬而经常受雇用的工作",对 occupation 的解释是"一个人从事的一项活动,人的一生的主要事务"。这些解释说明职业主要侧重在一个人所从事的行业类型,从事该职业的人着重在形式,而对何种人从事何种职业并没有严格的限定。专业(profession)作为一种社会现象,17世纪已在欧洲出现,它因在社会中享有优厚的经济待遇、良好的职业声望和较高的政治权利,使得它的多特质及其形成方式常常成为其他职业效仿的对象,许多职业把对专业的效仿视为改善职业地位,促进职业群体社会流动的主要手段。20 世纪中叶,伴随着"福利国家"的诞生和发展,出现了福利专业(教师和社会工作者职业)。各种职业为追求专业地位自发地完善自身的结构体系以提高本职业对社会的服务质量,而社会因追求各职业更高质量的服务而赋予专业越来越多的有形的和无形的实惠,这种“双赢”结局说明了现代社会的职业专业化运动是具有建设性的。专业这一概念也因此开始承载特定的意蕴，即专业是一群人经过专门教育或训练、具有较高深和独特的专门知识与技术、按照一定的专业标准进行专门化的活动处理的专门职业。所谓的专业化（professionalization），则是指一个职业经过一段时间成功地符合某一专业性职业标准并获得相应的专业地位的过程。

一、高校体育教师教育专业化是世界性潮流的顺应

教师职业专业化或培养专业化教师，是教师教育的本质和提高教师职业社会价值的根本。在高等教育日臻成熟、专业化水平越来越高的当代，教师职业专业化受到广泛关注。在我国体育界，对高校体育教师养成和成长占主导地位的始终是“运动技能专业化”的价值取向，人们评价一位高校体育教师是否“专业”，主要看其自身是否具有或曾经具有相对较高的运动技术技能水平，这一取向的高校体育教师教育已经不能够满足当前由传统经验的体育教育向科学的体育教育演讲的特殊要求。因此，在21世纪，我们必须根据社会和教育发展的实际，寻找新的高校体育教师专业发展的基点，实现高校体育教师培养与成长模式的改革与创新。

二、高校体育教师教育专业化是改革和提高教育教学质量的需要

高校体育教师的质量是决定学校体育教育质量的关键因素。体育教育最重要的影响因素是教师，即使在没有昂贵器械和设备的情况下也可以实现体育教育。受教育者的需求是高校体育教师教育专业化的前提。在现代社会，科学技术和文化的高度发展要求教育更加专门化、系统化，各种类型、形式的体育教育应运而生。如何将无限丰富的知识有效地传递给受教育者、如何促进青少年身心健康协调发展、如何使受教育者具有终身教育的意识和能力成为每一位高校体育教师需要解决的问题。因此，仅仅把教师视为一种职业、把教师教育视为一种职业定向或职业分配

已经远远不够了,需要进一步提高教师教育质量。伴随着我国体育高等教育发展速度的加快,高校体育教师的教育和数量都有了较大的发展。过去只需满足基础教育对高校体育教师数量的需求,现在开始有条件的满足基础教育和高等教育对高素质高校体育教师的需要,实现学校体育质量的全面提高。高校体育教师教育专业化的时代已经到来。

第三节 高校体育教师的认知与培养

高校体育教师的教学效能是个体能否胜任与从事职业有关任务的条件,是通过认知和加工自我效能信息而形成和发展的。研究影响高校体育教师教学效能的因素以及特点,对于培养高素质的高校体育教师具有现实意义。

对于如何培养高素质的高校体育教师,教师教学效能感理论的研究从另一个角度给我们提供了非常重要的启示。

一、教师的教学效能感研究的重要性

教师的教学效能感概念在理论上源自班杜拉的自我效能概念。教师的教学效能在教育信念中扮演着核心角色。如果教师不相信自己能够对学生和学校产生影响,就不会主动检查自己的实践活动,探究更深层次的动机。研究显示,优秀教师都愿意进行教学改革,因为他们相信自己能够对学生的学习和生活产生积极影响,而这种尝试对一般教师来说则是一种挑战。

二、高校体育教师教学效能感的认知

体育教学不仅包括知识、经验和技能的传授,还包含了教师对学生人格、理想、情操、道德的培养等,是一种有计划、有目标的身心锻炼。要深入了解高校体育教师的教学效能,必须结合高校体育教师工作的特点,按照教师成长的过程进行分类考察,即按照新手型教师、熟手型教师、专家

型教师分别进行考察。

(一)新手型高校体育教师教学效能的表现

新手型高校体育教师(教学经验1—5年)从教师职称上来看,属于初级职称。他们初步了解学校体育目标、体育课程、教学内容、教学方法、学生素质状况、学校环境、地方体育文化、学校体育的地位等方面。他们面临着许多不确定因素,对未来的努力方向也不明确,更多地表现为对本行业熟练型、专家型教师的了解和观望,处于认知、沟通、尝试和学习的状态。在实际教学中,他们注重个人教学结果的评价,在教学策略上重视课前准备,并将取得好成绩作为主要的工作动力。然而,他们的教学监控能力较弱,注意力通常只集中在部分表现优异的学生身上,教学方法单一,语言组织、概括和表述能力不足,对整个教学过程缺乏有效的监控。

(二)熟手型高校体育教师教学效能的表现

熟手型高校体育教师(教学经验1—10年)是指已经获得中级以上职称的教师。在教学过程中,他们能够熟练地运用各种教学方法,有效地监控整个教学过程,并能够意识到不同个性、不同素质学生的学习状况和情感变化。他们的语言表达准确清晰,善于变化,概括性强;教学策略水平较高,任务目标已成为重要的工作动机,计划性强;评价准确、反馈积极,反思意识强烈。随着教学经验的不断积累,他们善于挖掘学生内部的学习能量,有明确的研究方向,并能够将研究成果尝试性地应用到教学活动中,表现出较高的教学效能感。在实际的教学岗位上,大部分高校体育教师都处于这个水平上。

(三)专家型高校体育教师教学效能的表现

获得高级职称对于教师而言,是他们一生追求的目标。拥有高级职称的教师已经得到了社会、学校和学生的认可,具有很高的职业威望。他们擅长通过精确的计划、评估和反思来改进教学策略,善于运用知识的优选组合进行教学创新,能够从深层次解决教学过程中出现的问题,并能很好地控制和调节自己的情绪。此外,他们还有很强的义务感和责任感。由于在教学和学术方面的影响力和吸引力,以及对职业更高目标的追求,他们对工作认真负责、勤奋努力、一丝不苟、待人友善、和平共处,并具有强烈的成就感。

三、高校体育教师教学效能感的培养

(一)培养自信

自信并非与生俱来,而是一个人对自己的积极感受,即坚信自己的能力,相信自己能够实现理想。自信是个体在不断的社会实践中逐渐形成的。自信与自我效能感密切相关。为了帮助教师获得更多的成功经验,最直接的方式就是提高他们的工作绩效,为他们提供"高峰状态"的成功体验,通过实践提高他们实际工作的能力,让他们在实际工作中感受到成就感。

(二)坚定教育信念

教师的职业信念是指教师对自己所从事的职业有一定的认识,并在此基础上对自身的劳动价值产生坚定的信念。高校体育教师的教育信念可以看作将学校体育工作视为终生奋斗的职业信念,它是教师教学实践活动的精神支柱和自觉行动的激励力量。一旦确立信念,它将深刻影响主体的心理活动,决定一个人的原则性和坚韧性。培养高校体育教师坚定的教育信念,必须使教师认识到体育的社会价值,认识到体育教育的目的是为了人类自身的生存、生活质量和生命的延续,教师所做的事情也是为了人民的幸福、社会的和谐和文化的传承。

(三)加强教学反思,提高教师教学监控能力

反思型教学对教师的知识要求很广泛,并对教育领域的前沿理论问题有较强的感知能力。教师需要具备实际的教学经验,并乐于改正自己的不良行为,并能在实践中不断反思,目的是使教学过程更加和谐,发挥教师和学生的主体意识。教师的教学监控能力是教师对教学过程的自我意识和监督的过程,关注的是教师的自我调节能力,教师的这种自我意识与教学效能密切相关。

第四章　高校体育人才培养创新策略

第一节　体育人才培养基础理论

一、我国高校体育人才培养改革方案构建

(一)我国高校体育人才培养改革的两个维度

从高校内部教育教学改革的实践角度来看,体育人才培养的改革通常受到两个因素的制约:一是体育教学设施、设备条件以及教师素质;二是体育教学的实施方式或培养模式。在设施和设备条件方面,人们普遍关注人才培养模式改革中设施和设备条件的基础作用与保障作用。而在改进体育人才培养模式的问题上,师资条件所发挥的关键性作用还没有得到足够的重视。一般来说,在体育人才培养方面,师资队伍通常会发挥以下两个方面的重要作用:

(1)在体育教育教学规律方面,教师队伍表现出的认识水平和理解水平。在选择体育人才培养目标时,必须遵循一定的体育教育思想。但在体育教学改革的实践中,并不是所有教师的教学改革思想和实践都能符合体育教育教学规律。例如,大多数体育教师认为,只要老师讲了,学生就能学会。如果想要学生学习某些东西,就必须进行体育课堂教学活动,但实际上,直接讲授占据了大部分体育教学实践,这与体育教育规律明显不符。

(2)具备科学分解学校目标、学院目标、系目标或专业目标的能力,并

根据这些目标对体育课程教学活动和体育教育教学活动进行设计和评价，把握目标实现情况。因此，体育教师和管理人员应深入掌控教育教学理论和教学技能水平，提高专业化水平培养与体育人才培养之间的关联程度。如果体育管理者和体育教师在这两个方面做得不够好，就会导致体育人才培养模式和方案之间不能相互适应，不利于体育人才质量的提升。

由于不同的体育教育思想、价值观以及不同类型的学校和学科专业性质的影响，人们对体育教育方式和体育人才培养模式的认知也存在一定的差异。相比之下，体育教育教学方式受到的关注比体育人才培养模式更多。由于体育人才培养模式的泛化和模糊性，体育教学过程和环节无法与改革同步，难以落实到人才培养模式中，导致体育人才培养的质量丧失方向和目标。因此，体育人才培养模式不仅是体育教学改革的重点内容，也是保证体育教学质量的重要因素。

（二）我国高校体育复合型人才创新培养的方案设计

在我国高校体育复合型人才创新培养方案的设计中，首先应该针对体育人才创新培养模式，积极开展对全校范围内的教育思想大讨论，使体育教师与学生对其有正确的理解。而所谓的创新型体育人才培养模式，主要目标为创新体育人才的培养，基本导向为通过对学生创造性思维与创新性思维的引导，使其创新意识、创新能力与创新精神得到提高。

在对我国高校体育复合型人才创新培养方案进行设计的过程中，高校应全面贯彻党的教育方针与体育工作方针，全面推进素质教育，将学校的办学特色与办学优势充分地体现出来。按照学校体育人才的培养目标，整合已经获得的体育教学成果，对体育教学课程体系进行优化，对体育人才培养的新模式与新机制进行探索，促进学生同新时期我国社会主义现代化建设的需要相适应，促进学生实践能力、创新精神与国际竞争力的提高。

为了实现这一目标，我们可以采用以下策略：首先，加强师资队伍建设，提高教师的专业素质和教育教学能力；其次，改革课程体系和教学方法，注重培养学生的实践能力和创新精神；再次，加强校企合作和产学研结合，为学生提供更多实践机会和资源；最后，加强对学生的个性化关注，帮助他们发掘自身潜能并实现自我价值。

（三）指导性课程体系结构

指导性课程体系是指必修与选修相结合的具有一定选择空间的课程结构，给学生选课以自主权，充分调动学生学习的主动性和创造性。创新人才培养方案由通识教育课程、学科基础课程、专业课程、实践教学、奖励学分构成。

通识教育课程包括公共必修课和全校通选课，学科大类基础课程指科类必修课程，专业课程包括专业必修课和专业选修课，实践教学包括实习、实验、实践、毕业论文部分，奖励学分包括课外活动部分。

（四）对于体育创新型人才的培养模式进行构建

近年来，各学校不断探索和完善体育创新型人才培养模式。根据《普通高等学校本科专业目录》，各校对二级专业类相关专业实施了新的培养模式，包括打通基础课程和积极鼓励各院系设立跨专业、跨学科实验班。截至目前，我国大部分学校已尝试开设多个跨专业、跨学科实验班，如体能训练实验班、足球裁判实验班、高尔夫项目管理实验班、体育新闻实验班和体育媒体公共关系实验班等。

通过跨专业、跨学科教学实验，打破单一专业界限，加强多学科交叉渗透，调整体育课程体系与教学内容，重视培养体育创新型人才的科学精神、创新精神与人文精神。体能训练实验班为国家竞技体育培养了各级运动队所需的体能教练员；体育媒体公共关系实验班满足各类体育组织公关事务需求，推动体育创新型人才培养方向朝着德、智、体、美和谐发展；体育新闻实验班培养出能在体育各类组织和其他体育事务部门工作的专门人才，可从事发布新闻与形象推广、体育公关文秘和协作、事件营销和媒体写作、危机公关等工作。

若学生具备较好的文化基础，可选择学习体育媒体公共关系。例如，高尔夫项目管理实验班的设立旨在开拓新领域，满足学校专业建设需求，为学生创造更广泛的就业空间，该实验班主要目标是使学生了解并掌握高端运动的基础知识和基本技术，熟练运用这些知识技能，以培养高尔夫管理工作的应用型人才。

二、体育创新型人才培养的细则

（一）优化体育课程实践教学体系

1.科学设计体育课程实践教学体系

近年来，加强学生的体育实践能力培养已成为全球高等教育改革的主要趋势。学校已制定了一系列相关文件，包括《关于本科生教育实习工作的若干规定》等，明确要求加强体育教育实习过程管理、组织管理及考核总结等。此外，学校还明确规定了实习实训经费问题，并实施三级教育实习质量监控体系，即聘请对实习基地有丰富体育实践经验、对学生培养要求和聘请目标熟悉的专家担任学生实习指导教师，学院领导进行巡回检查，队部主任负责定点保障实习结果与实训结果。

各院系根据专业特点制定具有鲜明特色的实习工作管理规定。在具体实践中，体育教育专业探索了全新的实习、实训工作体系，即“三个阶段”与“一个平台”，其中“三个阶段”主要包括：第一阶段加强学生基本教学能力的培养，第二阶段全面培养学生的综合教学能力、科研能力、工作环境适应能力，第三阶段通过实习活动暴露学生能力中的薄弱环节并及时改进；而“一个平台”则主要指建设一个体育基地教学实验与科研平台。

在这一工作体系下，体育教学实践活动取得了显著成效，有效培养了学生的体育基本功和专业技能水平。学校体育实习与实训工作紧密结合实际，强化学生的体育基本技能，有效促进学生体育实践能力的提高。

2.加强培养学生的体育科研能力

从体育科研能力培养的角度来看，学生的毕业论文和科研能力应该与高校紧密相连。通过利用学科优势和资源优势来鼓励学生，将体育运动实际和科研活动有机结合起来，并将体育综合性的专业训练和初步的科研训练作为主要目标。实施导师负责制度，并与体育教师一起，利用设计实验、学期小论文、毕业论文等方式攻克课题研究，以提高学生的体育科研能力。同时，一些运动项目管理中心建立了科研工作站，为培养学生体育实践能力和创新精神、早期参与创新活动和科研活动提供了有利条件。

3.创建同市场需求相适应的体育实践教学体系

体育课程实践教学平台可以构建包含三个层面的体育课程实践教学体系，这三个层面分别是体育基础实践教学、体育专业实践教学和体育综合实践教学。体育基础实践教学旨在培养学生的体育基本技能和实验能力；体育专业实践教学则与培养方案中的体育专业基础课程和学科相关的专业实验、课程实践、毕业论文以及各种实习实训工作相对应；而体育综合实践教学通常包括一定的素质拓展内容，一般与培养方案中的公共选修课程或课外科技活动相关联。

（二）构筑实践创新能力的培养平台

1.对实验室加强建设，使学生实践环境得到优化

本科生创新实验室作为教学环境，能够培养学生的实践能力和创新精神。同时，相关实验室或教学实验中心的建成也为学生提供了良好的平台，以便顺利开展科技创新活动、实践训练活动、课外科技活动和学科竞赛活动。建立创新教育与实践培养基地，开展科技创新活动对于学生解决问题的素养和实践能力的培养十分重要。创新教育与实践培训基地为学生提供了一个良好的平台，使他们的聪明才智和创造潜力得到充分发挥，促进了科技创新人才的培养，并能使高水平科研成果发挥最大的作用。

2.使科技实践活动得到强化，努力营造创新教育氛围

通过实施本科生科研培训计划，可以培养他们的创新能力。将高校

学生的学科竞赛作为重要媒介，开展多样化的创新实践活动，也是培养创新能力的重要途径。

三、体育创新人才应具备的素质与培养途径

(一)体育创新人才应具备的基本素质结构

体育创新人才培养的基本素质之一是树立正确的人生观，这也是形成创新意识的主要动力和源泉。马克思主义哲学认为，事物的运动、变化和发展三个范畴既互相独立又互相区别，其中最高形式的变化就是发展。一切行为都受到方法论和世界观的影响，只有在正确人生观的指导下，才能产生为人类文明和进步做出贡献的远大理想，才能具备推动科学技术发展的高尚艰苦奋斗精神，萌生发明创造、革新技术的强烈愿望。

体育创新人才培养的催化剂是集体协同能力和良好的意志品质。意志作为一种行为准则，能够让人自觉锁定目标并对自己的行为进行调节。从本质上讲，创新过程是一种高度复杂的意志过程。

(二)体育创新人才的培养途径

1. 形成创新思维机制

(1)发散思维大量参与。在创新思维中，发散思维和聚合思维是相互依存的。在每一项技术革新的过程中，需要先利用已有的知识与经验，充分发掘各种知识点，设想各种改进方案，来发散思维；之后通过论证和实践，选择最佳方案，以聚合思维。二者缺一不可。

(2)将灵感成分掺杂其中。对于创造性思维来说，灵感就是它的“闪光点”，也是创新思维的重要特征之一。当遇到难以解决的问题时，灵感可以突然涌现，让问题得以解决。灵感不仅具有瞬时性和突发性，还具有一定的规律性。灵感的产生需要个体对研究问题进行长时间的思考，达到思维饱和状态，而灵感出现的时机往往是在个体思维紧张的阶段过去后，精神放松的悠闲时刻。

2. 培养创新思维过程中需要把握的环节

(1)更新传统教学观念是形成创新思维的基础。通过分析，能够发现与传统体育教学相呼应的体育教学模式具备一些优点，例如促进体育学科知识的学习和传授，同时推动对前人知识与经验的掌握；同时也存在一些缺点，例如学生可能过分依赖体育教师和书本知识，重视聚合思维而忽视发散思维，导致对新理论的认识停留在前人的层次上。

(2)培养捕捉灵感的能力。创新思维的使用有利于灵感的迸发。许多人认为灵感是无法捉摸的，但事实上，如果掌握了灵感产生的共性规律，就能提高捕捉灵感的概率。首先，在面对创新性问题时，需要充分准备并利用相关资料、现有知识和经验来构想各种解决方法，这是捕捉灵感的重要基础；其次，需要全身心地投入思考中，时刻保持思维状态，使思维触角遍布各处，这也是另一个捕捉灵感的基础条件；最后，经过长时间的殚精竭虑后，松弛的状态往往有利于摆脱惯性思维的束缚，让创新思维的触角得到舒展。

第二节 体育人才培养创新发展策略

一、培养高素质体育人才的策略

为了确保我国体育产业的健康发展和优秀体育人才的培养，需要采取一系列措施，如加大政府支持力度、改革和创新人才培养模式、加强人才培养理论研究等。同时，还要鼓励社会各界参与到人才培养体系中来。具体的培养策略如下：

(一)加强实践能力培养

体育是一门实践性很强的学科，但在大学校园中，理论与实践往往难以协调。体育院校大多开设体育管理学、体育经济等理论课程，对实践课程设置偏少，实习时间也比较短，导致学生掌握的实践技能无法适应社会需求。因此，高校在体育人才培养方面，应该重视实践能力的培养，扩大实习范围，与体育局或运动队签订实习协议，组织学生参加实践活动，让学生提前与社会接触，在实际工作岗位中发现自身的不足，并有针对性地改进。只有夯实实践能力，才能在竞争激烈的经济社会中有立足之地。

(二)结合市场反馈，调整人才培养战略

当前高校改革的主要以以市场需求为导向，近年来，许多热门专业不断涌现，对体育人才就业竞争产生很大影响。许多体育院校在人才选拔上只注重数量，而不考虑未来的可持续发展，不了解社会对体育人才的需求标准，盲目发展，严重影响学校的办学质量和学生毕业后的前途。由于体育院校自身的专业范围比较窄，课程设置几乎都与体育相关，这种专业课程的设置使学生的知识面较窄，仅局限于体育方面。而社会所需要的是全面发展的复合型人才，因此许多学生毕业后不能满足社会多样化的需求。如何改变体育人才培养模式是体育院校领导所面临的重要问题。新一代的体育人才不仅要有过硬的体育专业知识技能，而且要有组织能力、管理能力、较高的道德素养、创新精神等。高校在体育人才培养方面，要结合市场反馈，积极掌握市场对体育人才的需求，调整人才培养战略，使其既能适应社会专业职业的需求，又能够体现体育院校的地位和作用。体育院校要结合自身情况与企业积极互动，不断改革教育方案，提高教学质量，提高整体办学水平。

(三)人才培养模式的改革与选择

人才培养模式是教育者根据人才培养目标为学生设计实现能力与素质结构的方式。随着市场经济的建立，传统的体育人才培养模式已不能适应社会需求，单一的知识结构也难以让学生选择适合自己的职业。高等教育应以综合素质为基础，构建创新型人才培养战略。高校毕业的体育人才应具备良好的基础素质、宽厚的专业素质、较高的人文素养以及适应社会的能力。在人才培养模式的选择方面，体育院校的学生只是就业大军中的一小部分，与综合院校的体育专业还存在一定的竞争。对于综合院校，可以结合校内资源共享，进行跨院系选修，为复合型体育人才的

培养提供良好平台，而对于体育院校而言，没有这方面的优势，只能跨校选修。不同的培养模式所培养出的体育人才存在一定的差异性。社会对体育的需求是多方面的，许多方面的人才供不应求，同时也有一些专业供过于求。因此，高等院校要结合社会需求，培养出真正符合社会需求的高水平体育人才。

（四）加强师资队伍建设

优秀的体育人才需要高水平的教师和教练员，高校应该重视对体育教练的筛选和培养。在聘任体育教练时，要严格把关，同时鼓励教师进入市场，通过市场机制来合理配置人力资源，建立符合市场需求的用工制度，激发教师和教练的积极性，将薪酬与人才培养的效果联系起来，建立人员培养激励体系，全面提高师资队伍整体水平。此外，还要鼓励教师参加主体性学术探讨，拓宽他们的知识层面和视野，全面提升教师的整体素质，从而提高教学水平。

（五）培养创新意识

创新意识是人们根据社会发展需要，创造前所未有的事物的动机。创新是民族灵魂的体现，现代社会各行各业都需要创新型人才。因此，加强体育人才培养的创新精神，有助于学生毕业后在就业市场中获得竞争优势。随着经济全球化和“以人为本”的时代精神的发展，教育领域必须培养大量具有创新意识的人才。因此，我们需要及时更新教育观念，支持学生的创新发展，推动社会进步。

综上所述，培养体育人才的创新精神已经成为未来社会发展的必要条件。

二、社区体育文化与高校体育人才培养协同发展策略

（一）社区体育文化建设为体育发展带来的新思考

1. 体育消费热与产业转型相融合

在政府引导和企业转型相结合的经济新常态下，社区体育消费的热

度无疑会促进国民经济发展并增加内需。大众体育消费是推动经济转型升级的重要力量。随着“健康中国 2030”和“体医结合”理念的提出，我国健康产业、社区体育转型升级、体育消费增长的需求将逐渐成为现实。因此，高校体育人才培养应该紧跟国家政策和发展需求，注重提高质量和数量，着力解决人才培养过程中社会适应性低和课程体系与现实错位等问题。

2. 健全公共服务，增加体育融资

学校体育设施对外开放和市场体育设施及娱乐场馆的运营投入都对优化全民健身服务产生了影响。而且，由于地区经济条件的差异和人们健康意识的不足，一些地区的体育场馆和设施相对落后，体育融资和投入机制也需要进一步完善。因此，需要加强在健康领域的投入，政府应该发挥导向作用并提供平台吸引社会参与。针对区域发展不平衡的问题，政府应该在政策和资金上给予相应的支持，同时要求社会组织和企业承担相应的公共健康责任，形成多元化的投资模式。

3. 综合性人才培养与健康多元化协同发展

为了做好社会健康大数据的采集和开展体质监测，我们需要为全民健身运动做出相应的评估和建议。针对不同人群，实施有针对性的运动处方和健康干预计划。高校是社会智力和科技的重要集散地，在全民健康、体医结合以及健康干预、社会体育指导等方面发挥着不可替代的作用。因此，高校需要培养专业型和高水平的综合型体育人才，同时也满足国家健康战略计划的需要，政府、高校、社会、家庭和个人都应该履行积极参与的义务。

(二)高校体育人才培养逻辑关系与内涵分析

随着国家和社会对高校体育人才需求的不断增长，在体育健康服务和体育指导等方面，我国高校体育人才培养与健康服务需求之间的不平衡和不充足的矛盾日益突显。目前我国体育健康和干预指导领域的人才缺口巨大,水平参差不齐,结构很不合理。因此,高校在发展和培养人才时需要充分了解人才培养和社会需求结合的位点,掌握和了解人才培养的逻辑性及其潜在关系,积极适应社会和国家对多元化体育人才的需求。

1. 逻辑关系分析

社会和国家方针政策为高校体育人才培养以及社区体育文化建设提供了外在条件,但内在活力的激发才是关键。然而,当前体育毕业生就业过剩等供需矛盾问题严重影响了高校体育专业的发展。因此,高校体育专业人才培养和社区体育文化建设的内在逻辑是与高校自身发展密切相关的。建立科学的人才培养制度和完善的教学管理体系是搞好高校体育人才培养的前提条件,体育教学改革的逻辑只有回归高等教育的核心,才能为社会提供优质服务。

2. 内涵关系分析

高校体育专业人才培养的社区体育文化建设主要体现在以下两个方面:一是以市场需求为导向,改变传统的培养模式和相关课程设置,减少教育资源浪费并增加学生的就业选择;二是根据国家发展规划和自身实际情况,有条件、有计划地改变原有的发展观念。因此,在进行高校体育人才专业化培养时,高校需要以满足人民群众的需求为根本目标,精准和高效,与时俱进,进而实现从“需求侧的拉动”到“学校体育的推动”的转变。

(三)高校体育专业人才培养社区体育文化建设路径探索

1. 理论认识与经验借鉴

我国“健康中国 2030 纲要”提出通过加强体医融合和非医疗健康干预、促进重点人群体育活动等方式来提高全民体质。然而,目前“体医结合”人才培养模式仍处于摸索阶段。因此,高校应该重点思考如何结合社会服务并与时俱进地培养优质的体育专业人才,这提示相关体育大学和开设体育院系的学校应该充分利用现有资源,建立教学、科研和临床实践平台基地,为实施健康中国计划提供实践经验,同时合理引进国外相关技术资源和人才培养模式,整合体育资源和完善人才培养模式,以市场需求为导向,加强“体医结合”型人才培养。

2. 转型与创新实践

如何提高学生的就业能力和创新能力是当前亟待解决的问题。首先,应该进一步细化培养目标,突出特色,增加与现代健康服务业相关的应用型人才培养。其次,从社区体育文化建设的角度来看,需要转变培养方式,拓展选修课范围,并加强校际教育资源的互补性,实行学分互认制度,提供资源共享的平台支持。最后,需要探寻健康产业发展与自身创业就业的契合点。高校在转变和拓展就业渠道的同时,应积极发挥学科特色和优势,面向市场为学生搭建创业和“订单式”就业平台,积极探索互联网和大数据背景下的社区体育新模式。

三、体育人才培养方案创新改革发展策略

构建体育教育专业人才培养模式需要考虑培养目标、课程设置、教学方式、教学手段、教学理念等多个方面,同时应该深入研究国内外同类专业的办学模式,吸取众家之长,既要符合基础教育的需求,尤其是与新的课程标准相适应,也要充分考虑毕业生就业的多元化趋势,为毕业生提供具有多种选择的优质前期服务。

(一)进一步明确人才培养目标和培养规格

新《课程方案》在人才培养目标方面实现了从“中学体育教师”到“体育专门人才”再到“复合型体育教育人才”的重大转变,符合时代发展的趋势。社会是动态发展的,高校体育教育专业的人才培养目标也应该是动态的:一是培养目标要随着时代的发展进行调整;二是要解决当今体育领域的各种综合性问题,进行不同学科间的整合、交叉与渗透;三是应该培养多层次、多规格的人才。因此,我们必须更新教育观念,弘扬与时俱进的社会发展观和人才培养观,根据社会的不同层次、规格和类型的需求,调整人才培养目标,科学合理地定位未来发展趋势,努力培养具有创新思维、宽厚知识、强能力、高素质和广适应能力的新型体育人才,以适应当前和未来的社会需求。

(二)调整课程设置,完善课程结构

课程体系是人才培养的基础设施,是实现人才培养目标和要求的主要手段和途径。为转变狭义的体育专业教育,加强普通教育和专业教育的融合,课程设置应该向弹性方向发展。首先,应该拓展课程体系原有框架,明确课程分类标准和各类课程的比重(学时、学分)。其次,应该整合课程内容和体系,按照“横向拓宽、纵向理顺、加强实践、调整结构、精简学时”的原则进行该课程重组和整合。再者,应该突出职业岗位。在坚持以职业能力培养为中心的同时,体育教育专业教学内容体系和课程设置改革还必须考虑相近职业岗位群能力培养的需要,注意加强学生对岗位及其内涵变化的适应性和职业范围的弹性选择,注重对学生可持续学习能力培养。最后,应该注意理论教学和实践教学的有机结合,减少纯粹理论讲解和知识传授课程的比例,突出技术型、技能型和应用型课程。

(三)加强专业职业能力分析和调研,完善“专业+方向”的人才培养模式

第一,通过职业岗位设置与分析,了解社会人才市场的需求和趋势,以“大专业、小方向、出精品”为培养理念,完善“专业+方向”的人才培养模式。第二,改变以往单纯以竞技体育为主导的培养方式,向健身、康复、娱乐、竞技和生活等全方位的育人方向转变,以满足社会对复合型人才的需求。第三,注重学生的能力培养,拓宽专业口径,着重培养适应面宽、应变能力强的专业人才。第四,重视课内外实践活动,加强教育实习和科研活动,以提高学生的实践能力和综合素质。

第三节　体育人才培养模式的创新实践

一、应用型体育人才培养模式创新实践

(一)应用型体育人才培养的模式

应用型人才培养的主要目标在于服务、生产、管理、建设等方面,注重

能力、素质和知识的全面发展。应用型人才培养的教育活动和课程设置都以“培养应用型人才”为目标。体育教学作为高校教育教学的重要组成部分，对大学生的身心发展有着重要作用。与其他学科相比，它具有明显的实践性和应用性。当前社会经济发展需要大量的应用型人才，高校应该结合体育教学的优势和社会发展需求，创新体育教学模式，开展丰富多彩的体育教学活动，打破传统的体育教学框架，以学生的个性需求为出发点，真正做到因材施教，充分挖掘学生的体育潜能。此外，还应根据就业导向及时调整体育教学计划，制定应用型人才培养目标，提高体育专业学生的适应能力和就业竞争力。

（二）高校体育应用型人才培养的教学实践策略

1. 提升教师队伍素质

教师是应用型体育人才培养的关键因素，教师队伍素质的高低直接影响应用型体育人才的培养质量。因此，要提升应用型体育人才的质量，就必须重视师资力量。为了实现应用型人才培养目标，体育教师必须突破传统教学模式的束缚，广泛调查和了解体育专业学生的学习兴趣、专业基础和实际需求等，并在实际教学中有机融入社会、心理、能力和人文等多个领域的知识，以增强学生的综合能力。此外，应用型人才培养还要求高校体育教师不断学习，丰富自身的知识储备，扩大文化视野，提高组织、管理和设计能力，以增强自身的综合素质。同时，高校体育教师还应当与其他学科教师和教学管理者沟通，了解学生的实际情况，以寻找合适的教学切入点。另外，还应当与其他高校的体育教师保持联系，及时了解最新的体育教学信息和社会人才需求，制定具有针对性的应用型人才培养计划，增强体育教学的计划性和系统性。

2. 完善教学评价体系

为了提高高校体育教学效率，必须建立可行的教学评价体系，对体育专业学生的实践和学习成绩进行科学评估。高校可以记录体育专业学生在不同阶段的专业学习和实践成绩，并进行全面综合分析，在研究和思考的基础上，及时调整体育教学计划，并将分析结果反馈给学生，促使他们在未来的体育学习中进行自我修正和完善。需要注意的是，高校教师应及时向学生公布每个阶段和环节的量化分值，使学生清楚自己的阶段性任务，有计划地开展体育学习和锻炼。体育教学评价要求教师将过程性、结果性、理论性和实践性有机地结合起来，增强评价体系的科学性和公正性。

3. 采用多样化教学方式

在培养应用型体育人才的过程中，教师应该充分尊重学生的主体地位，全面考虑学生的兴趣、能力、基础和性格特点，从学生的实际情况出发，并结合社会人才需求，制定多样化的教学方式。例如，可以举办体育文化节，通过图片展、知识竞赛等形式帮助学生了解相关的体育心理、知识和技能。或者在专业之间、学校之间举办体育竞赛，不仅可以激发学生的参与热情，还可以提高学生的实战能力。另外，可以结合社会实际举办针对体育专业的招聘会，帮助体育专业学生了解当前社会对体育人才的各种要求，以便他们进行针对性学习和锻炼。

4. 丰富实践教学内容

传统的体育教学实践模式过于单一，已经不符合现代社会的人才需求，也不利于激发学生的参与热情。因此，高校应该丰富体育教学的实践形式和内容，鼓励体育专业学生积极参与实践活动，将所学知识应用到实践中，并将基础理论转化为实际技能，以培养符合现代社会要求的应用型人才。除了积极开展校内体育实践教学外，高校还应该积极联系校外企业和单位，加强校企合作，为学生提供更多实习机会和平台。例如，组织体育专业学生到中小学进行体育教学或到社区进行体育锻炼技能义务传授、在社区开展体育问卷调查等。这些丰富多彩的实践形式不仅可以提高学生的参与兴趣，还可以从多个角度提升学生的素质。

二、创新型体育人才培养模式的实践途径

(一)高校体育专业教学模式改革是培养创新型体育人才的有效途径

1. 采用操作式教学,培养学生的实践能力

现实社会需要的是能够胜任工作、善于工作,尤其是能够创造性地开展工作的优秀人才。因此,高等教育应当面向社会和实践,更新教学理念,改进教学方法,培养创新人才。首先,课程设置要适应实践需求。应根据形势变化、实践发展和社会需求设计课程,使学生所学内容能够满足实践所需,学以致用。其次,教材编写要紧密结合实践。大学教材的编写既需要有理论深度,又需要紧密联系实际,包含更多有利于培养学生创新能力的内容、案例、方法和经验,使学生通过学习掌握操作的理论与方法、过程与环节,了解其本质和原因。再次,教师在课堂讲解和示范时需采用多种方式、手段和角度。从长远角度出发,注重当前问题,生动形象地讲述书本内容,注重能力培养和实际操作,注重课堂演讲和实地示范,同时注重理论阐述与案例的联系。

2. 采用开放式教学,培养学生的创新能力

在高校体育专业教学过程中,应建立民主、平等、和谐的师生关系,鼓励学生大胆交流和创新。教师作为课堂气氛的调节者,应以平等的态度去热爱、信任、尊重学生,满足学生的发表欲、表现欲,并鼓励学生大胆创新。在体育学习过程中,给予学生自主学习和自主活动的时间与空间,为他们提供创新的机会。在教学过程中,教师不应受“先入为主”的观念制约,要给予学生足够的思考时间和广阔的思维空间,以激活他们内在的创新火花。同时,教师在评价时应该采用开放性评价,树立发展性的评价观,多给予鼓励和肯定,激发学生的内在潜力,让学生体验到成功的快乐。通过积极的情绪体验,保护学生的创新热情。

3. 采用激发式教学，培养学生的探索能力

一是目标激励。在当今科技竞争日益激烈的时代，高校培养的学生必须具备强大的探索和创新能力，否则难以在激烈的竞争中立足，也难以在科技创新中有所作为。因此，高校体育专业要为学生设定一定的发展目标，并制定具体的措施和办法，多种方式、多渠道培养学生的探索能力。二是形势激励。当今世界，谁在科技竞争中占据优势，谁就在经济、科技和综合国力竞争中掌握主动权。因此，学校应该充分利用这种形势，教育学生充分认识压力和挑战，勇敢前行，刻苦学习，大胆探索。三是需求激励。一个国家要想在激烈的国际竞争中占有一席之地，必须拥有大量敢于探索的拔尖创新人才，不断探索各个领域，只有这样才能促进国家经济的发展和综合国力的提升。因此，高等学校体育院系应该教育学生树立强烈的使命感和责任感，树立雄心壮志，为了国家的发展而大胆探索，为民族的振兴而大胆创新。

(二)高校体育专业创新型人才培养的保障措施

1. 加强高校体育师资队伍建设

加强高校体育师资队伍建设是我国高等教育整体发展战略的关键组成部分。只有教师具备高素质，才能推动教育创新，并适应新世纪的挑战。只有具有创新意识和创新精神的教师，才能在教学中更好地启发学生，培养他们的创新能力。因此，教师自身素质和教学观念对教育的质量和水平有着决定性的影响。为适应知识经济时代的发展需求，高校体育院系迫切需要建立一支具备合理的知识结构、高水平学术能力、强大适应能力和乐于奉献精神的师资队伍。

2. 强化学生创新精神的培养和创新人格的塑造

创新精神是创新活动的基础。如果一个人缺乏创新精神，那么他就很难参与创新活动。为了强化创新精神的教育，首先需要加强创新动力

观念的教育，让学生认识到创新既是民族生存的必需品，也是个人发展的必要途径，培养乐于创新的精神。其次，要加强创新主体观念的教育，鼓励学生勇于面对挑战、积极创新。再次，要强化创新价值观的教育，正确处理个体价值、群体价值、国家价值间的相互关系，避免单一思维的发展定式，培养学生创新的意识。最后，还要加强创新协同观的教育，培养学生合作创新的能力。创新人格是创新人才在情感、意志、理想、信仰等方面形成的积极进取力量，这种力量通过个人的主观能动性转化为富有成效的创新实践活动。因此，在创新人格的培养和塑造过程中，要引导学生自觉地培养自信、勇气、坚强的意志和承受挫折、失败的良好心态。

3. 营造创新型体育人才成长的环境和氛围

创造性源自个人智慧和潜能的自由发挥。因此，高校体育教育专业要努力创造一种民主、宽松、自由的学习环境，以激发学生的创造动机，并发挥他们的创造性才能。同时，鼓励学生积极参与各种学术活动和体育教育改革，加强体育教育实践环节，除了实验课教学、毕业实习和毕业论文的设计和研究外，还应倡导开放办学，让学生走出校门参与社会教育实践活动。例如，组织和裁判各种体育竞赛，辅导中小学体育活动和业余训练指导，参加中小学体育教学改革的观摩课和研讨课等。通过这些活动，将理论知识与实践结合起来，增强学生的感性认识和对体育实践的敏感性，为将来创造性地开展工作打下基础。此外，还要开展创造教育知识的讲座和竞赛，让学生了解和掌握创新的思维和方法，注重培养学生的创新精神和良好的创造品质。同时大力宣传、表彰具有创新精神的学生，奖励具有创新性的学习和科研成果。

4. 将创新意识和创造能力作为学生考核的重要内容

高校体育专业学生的学业考核主要由课程考试、教育实习和毕业论文三部分组成。在课程考试中，需要改革以往的考核方式和方法，加强考题设计的灵活性，注重培养学生的比较、分析和综合能力，以及创造性思维。在教育实习中，应充分认可和积极评价学生在教学思路、教学设计、教学方法和组织管理等方面的创新思想和行为。在毕业论文选题和研究过程中，要强调求新、求异、求实的思维方式，鼓励学生勇于开拓和探索，不唯上、不唯书、不唯师。

三、“五重型阶梯式”人才培养模式的体系构建

（一）“五重型阶梯式”人才培养模式教学资源体系的构建

1. 更新人才培养方案，建设特色专业培养方案

新的培养方案要求学校核心主干课程更加明确，以“多能一专”为主要特征，并更加突出师范性。新的培养方案首先强调了专业技能的培养，新生入学后应立即开始进行专业学习；其次，增加了教师教育必修课和选修课模块，师范性的特征更加明显；再者，注重学生实践能力的培养，将教育实习时间从 8 周延长到 16 周，大大提高了学生的教学技能；最后，实验教学改革特色显著。

运用教育学、心理学以及体育教学与训练的基本理论，熟练掌握体育教学的基本方法与手段，培养学生良好的教师职业素养和体育教学、教学研究的基本能力。需要了解学校体育改革与发展的动态以及体育科研的发展趋势，使学生掌握基本的科研方法，具有一定的自学能力和体育科研能力。要求学生掌握一门外语，能够阅读本专业的外文书刊；掌握计算机的基础知识、应用知识和现代教学手段。主要课程包括田径、体操类、球类、武术、运动解剖学、运动生理学、体育保健学、学校体育学、学校教育学、心理学、德育与班级管理、体育课程与教学论、“三字一话”、教育见习、教育实习等。

2. 依托实验教学平台，构建“立体交叉式”的实验教学改革体系

通过评估“双基合格实验室”，建设“运动人体科学实验室”和“体适能与运动康复实验室”，遵循自主创新原则，进行自主学习、自我训练、自主设计、

自主实施和自主评价。树立先进的教育理念，坚持以人为本，确定以实验项目为载体，强化专业特色，重视过程培养、综合训练和自主创新的改革思路和目标。以实验项目为牵引，强化课程，注重过程、综合训练和自主创新，通过集约式整合，对多门实验课程进行整合重组，构建立体交叉式的实验教学改革体系框架，实现实验教学、创新教育和实践教育三个平台及各个环节的相互交融。重视实践教学环节，逐步完善实验课程建设。

3. 依托教育教学实践基地，完善分阶段多形式的教育实践体系

根据体育教育专业学生的成长规律，对学生的培养包括专业思想教育，如理想教育、教学观摩、模拟实习、教育见习、技能训练、综合实践、教育实习、教育研习等实践教学内容。通过这些实践，学生在大学四年期间每年都有不同的收获。逐步建立“循序渐进、逐步养成、四年阶梯式”的教育实践组织体系，同时稳定建立教育实习基地，强化教育实习与专业实践的管理。

4. 依托课外实践教学活动，完善全方位立体化素质养成体系

学生的自选实践活动包括专业社团活动（如老年人保健协会等）和社会实践（如长沙市健身、休闲等机构的体育指导员、教练员），以及实验室见习等。同时，建立大学生创新研究会、老年人保健协会、青年志愿者协会、健美操健身俱乐部、街舞协会、体育舞蹈协会等学生社团。组织学生到多个地方开展暑期实践活动，让学生在实践过程中逐步提高发现问题和解决问题的能力，并逐渐完善和提升自身的综合素养。

（二）“五重型阶梯式”人才培养模式教学保障体系的完善

1. 实施教师能力提升计划，促进教师教学水平

为了加强引领示范，打造一支高素质的教学队伍，学校应坚持以人为本的方针，采取有效措施，鼓励和吸引高水平的教师加入教学队伍，并努力优化教学队伍的年龄、知识、学历、职称结构，形成结构层次合理的高素质教学团队。支持年轻教师报考博士研究生，加大对教学人员的培训力

度，鼓励继续教育以提高教学能力。同时，在政策和待遇上给予倾斜，使我们的教学队伍具备高质量、高水平、结构合理、相对稳定的特点。

2. 教学管理制度改革，教学管理队伍专职化

实行网上选课和挂牌上课制度，允许一人多课、一课多人、考教分离，并且教学双方可以进行互评互查。教学管理部门每天进行教学检查，每月开展比课、查课、示范课、研究课活动，每年进行教学比武。定期检查和评比教学大纲、人才培养方案、考试大纲和教案。规范学生本科毕业论文开题与写作，加强教育实习和专业实践管理。实现综合性、设计性和研究创新性实验的比例达到100%，实验室对所有学生开放。

3. 加强教材教学资源开发，建设优质资源

紧跟学科发展潮流，改革教材内容。通过更新、增设专题等方式，将学科前沿知识融入教材与教学过程中，注重培养体育教育师范生的学术性和专业性。学科专业带头人和骨干教师积极参与国家和省部教材开发建设，并争取获得经费资助立项，编写与体育专业特色建设配套的教材。

4. 加强精品课程资源建设，推进网络课程开放共享

完善体育教育专业课程体系，巩固师范专业基础。根据专业和专项结构，完善师范生应具备的基础课程、专业主干课程和模块方向课程，并申请省级和校级精品课程。同时，建设网络课程，包括理论学科和技术学科。

第四节　“互联网＋”时代体育人才培养策略

一、“互联网＋”时代体育创新型人才培养体系的构建

（一）确立体育人才培养体系的目标

确立体育人才的培养目标对于体育教学改革至关重要，只有确立了目标才能将互联网技术整合到教学改革中。只有确定目标，才能培养出

更具创新性、更符合市场需求的体育人才。这些目标主要包括培养学生的体育理论知识学习能力、自主学习的积极性和意识、体育道德、锻炼身体素质的良好习惯等。

将互联网的优势运用于教学中已成为当前教育改革的趋势。因此，结合互联网的优势，整合互联网相关体育教学资源并打造互联网教学平台，同时对体育教学目标、内容、方法及评价指标进行改革，构建体育专业创新实践型人才培养体系是实现上述目标的主要方向。

(二)构建培养体系的方法

运用科学方法可以帮助构建更好的培养体系，更好地实现目标。研究可以使用文献资料法，通过知网、万方、谷歌学术等文献平台查询相关文献，对"互联网＋"和体育及健康方面的文献和实践理论进行搜索，为体系构建做好基础。然后使用逻辑分析法对搜索到的内容进行分析，筛选出与研究目的相关的理论和实践结果，理清构建的培养体系的思路，进而构建培养体系。

接下来可以采用专家咨询访谈法，对相关领域研究人员和专业人士进行访谈，了解他们对该课题的看法，并共同探讨培养体系构建的思路和相关教学平台的建立方案。同时，寻求相关人士对研究方案进行可行性分析，并提出指导性建议。

最后，采用实证研究法对制定的方案进行实际测试并观察其使用效果。将构建好的网络体育教学平台公开投放到网上，让学生参与其中，定期观察使用情况和效果，并对收集来的结果进行分析总结，为正式投入提供修改的参考依据。

(三)通过建立教学平台实现创新型体育人才培养体系的建立

构建体育创新型人才培养体系的主要目标是通过建设互联网教学平台来改革学生的学习方式，因此建立相应的互联网教学平台是构建体育创新型人才培养体系的首要任务。要打造一个优秀的网络教学平台，需要进行一些操作：首先对相关文献和资料进行查询和整合，确立资源体系，内容包括体育和健康两个方面及二者的联系；然后通过互联网建立教学服务平台，并确定体育教学的课程内容体系，在所建立的网络教学服务平台上分设教学所需的功能模块，如生理健康知识资源模块、运动健身教学资源模块、中西医养生教学资源模块、比赛视频模块、体育微课教学视频模块、体育课件资源模块、体育资讯模块以及师生互动等模块。

在“互联网＋”时代，最大的优势就是可以共享学习资源，同时让学生自主选择学习时间，随时随地实现学习。通过让学生在良好的网络教学平台上自主学习，进而构建出让学生通过网络教学平台自主创新性学习的体育创新型人才培养体系，这样不仅可以培养学生发展自身的兴趣爱好，还可以更多地吸收新的体育理论知识，不断开发学生的创新性。

（四）对教学方式进行改革来实现创新型体育人才培养体系的构建

在“互联网＋”的时代背景下，在建立网络教学平台的基础上对教学方式进行改革并取得成效的案例数不胜数，其中最为主流的教学方式就是翻转课堂。翻转课堂通过网络教学服务平台发挥作用，是指教师将教学中用的学习资料包括音频视频和相关文档等上传到平台，然后让学生进行学习，而后教师在课堂上对学生学习中遇到的问题进行集中的答疑，这种方法有效地提高了学生学习的兴趣和主观能动性，让学生能自由利用自己的时间去学习，并且一改以往以教师为课堂中心的教学方式，让学生作为课堂中的主导者，将教学中的服务对象转移到学生身上。

在体育课上教师可以使用体验教学法和个性教学法等多种教学方法对学生进行教学，让学生可以积极地融入课堂中去，在参与多种形式的课堂中找到课堂活动的乐趣，体会体育教学的本质。学生是可以选择在不同的网络教学平台上选择与自己兴趣爱好相关的项目，选择自己喜欢的教师。在网络教学平台上，教师通过平台对学生的学习进行管理，同时随着教学方式的改革，教师可以预留更多的时间用在学生创新能力的培养，将更多的时间用在改变实训课堂的教学方式上。以此，在建立网络教学平台的基础上，配合教学方式的改革，构建为学生创新性服务的体育人才培养体系。

二、“互联网+”与高校公共体育教育人才培养融合策略

(一)完善高校公共体育教学基础条件,增加信息技术设施的投入

完善体育教育教学的基础环境,注重信息化条件下的课堂教学模式改变与创新。建设信息化教学资源和设备是教师能够进行教学改革的基础前提。只有增加各个场馆、场地的互联网技术和设备,才能保障教学的顺利进行。可以在场馆安装投影屏幕,教师借助信息化设备进行教学,还可以制作动态技术示范图,让学生更直观、更清晰地学习,有效建立起动作概念定型。同时,还应该对教师进行培训,开展继续教育学习活动,以适应时代变化。

(二)合理融合传统体育教学与互联网时代下的公共体育教学

首先,教师应该运用好当今的互联网技术,将其应用到体育教学中。改变以往教师讲解、示范、纠错和指导的“一言堂”教学模式,将要讲解的内容投影到大屏幕上,结合生动的画面,呈现给学生,达到事半功倍的教学效果。其次,教学内容的更新同样要有助于提高学生的快速奔跑能力,不一定非得跑 50 米才行,完全可以结合当前娱乐节目中的“撕名牌”活动,穿插在课堂之中,既完成了任务,又激发了学生的兴趣,使教学内容符合时代特点和要求。最后,课堂教学形式也要随着信息技术的改变而改变。比如,教师拿着点名册进行点名,既浪费时间又无法保证准确无误,完全可以制作点名二维码,设置每部手机只能登录一次,学生打开微信平台通过扫描,输入姓名、学号即可完成登录。学生相关信息可以通过信息化技术呈现给教师,既节省了教学时间,又保证了出席人员核查的准确性。实际上,评价考核、终极考核、成绩查询等都可以实现互联网技术的开放化。

(三)互联网技术与高校体育校园文化建设的融合

校园体育文化是宣传体育精神、体育道德和体育素养的重要阵地,其

目的是营造一种人文体育精神，塑造热爱体育活动的校园氛围和文化。校园体育文化建设可以通过平台进行宣传，如推送知识、有奖问答等活动来开展。此外，还可以利用校园广播、体育画报、体育明星海报和重要体育赛事时间表的公布等方式来宣传校园体育文化。

（四）互联网技术与高校公共体育场馆、场地开放信息的融合

高校在体育教学方面需要投入足够的资金来修建体育馆、体育场等各个项目类的场地设施。一方面是由于学校硬件设施所需，另一方面是为了支持和促进公共体育教育教学。学生在课余时间不愿意到场馆锻炼的原因有：第一，场地费用高。学生群体本身是无收入群体，进行体育锻炼方面的投入在中国大学生群体中还没有形成固定观念。因此，可以通过降低学生使用场馆的成本，鼓励学生利用休闲时间进行体育锻炼，增加场馆的使用率。第二，严格把关学生的体育测试。由于有学科考核标准和任务要求，这会在很大程度上限制学生偷懒、逃课现象，无形中也会促使学生利用空闲时间进行体育锻炼。此外，提高高校体育场馆、各大场地的利用率还可以利用互联网信息技术，通过开通软件平台业务、创建场馆信息公众号等方式让学生了解各大场馆、场地的相关信息。

第五章　高校体育教学改革的对策与实例

在高等教育中，对体育教学改革的研究和实践一直持续不断。从中国体育教育领域的发展来看，其在思想、观念、教学设计和评价方面都经历了一定的变化和创新。下文将以应用转型为背景，研究高校体育教学改革的相关议题。

第一节　高校体育教学的科学化设计

一、体育教学设计的基本理论

（一）体育教学设计的概念

从设计和体育教学这两个概念来看，体育教学设计是基于体育教学的相关理论和技术，运用系统方法分析体育教学问题、确定体育教学目标、制定体育教学策略、设计体育教学方案，并对教案进行改进和调整的过程。

体育教学设计的目的并不是为了发现新的教学规律和模式，而是通过现有的客观教学规律，有针对性地解决体育教学中存在的问题。

（二）体育教学设计的特点

1. 系统性

体育教学设计是一个系统性的过程。在设计体育教学时，首先需要对当前存在的教学问题进行逐一分析，并在论证的基础上确定教学目标。接着，针对这些目标，对体育教学的各个环节进行设计，确保目标、策略和评价之间能够做到协调一致。

体育教学设计应从整体功能的角度来看，工作流程不是按照上一步安排下一步的方式，层层推进而是不断地往复循环、相互补充。全面考虑学生、教材、教学媒体等在体育教学中的实际功能和作用，使它们彼此相互衔接、互相促进、有效配合，从而使教学具有系统性，提高教学效果。

2. 科学性

体育教学设计应当基于运动生理学、运动心理学、体育保健学、人体解剖学、运动生物化学、体育教学论等学科理论，以教育传播、教学媒体和教学评价等理论为指导，遵循体育教学的基本规律。同时，充分考虑学生的个人爱好和体育运动能力，建立合理的体育教学目标、内容和方法的策略体系。通过系统的方法来分析和策划各类体育教学要素，因此，体育教学设计具有科学性。

3. 具体性

体育教学设计是为了解决教学中问题的理论和技术，因此，体育教学设计必须具有具体性。在每个步骤中，都必须对问题进行具体的分析。例如，在设计一学期某项运动的教学时，教育者必须仔细研究该项目包含的概念、规则和特征等，然后设计出具体的教学步骤和方法。

4. 灵活性

虽然体育教学设计有一定的模式和规律，但在实际工作中却不一定要按照线性程序进行。根据具体情况，有些既定的工作步骤可以省略。例如，学习需要分析是体育教学设计过程中相当重要的环节。然而，从长期经验来看，各高校的体育教学已形成了成熟的体系，在教学内容的安排上已形成特定的规律，因此在进行教学设计时，应根据具体情况和要求灵活把握工作重心，解决教学中的难点，并因地制宜地进行。

5. 创造性

体育教学设计的过程实际上也是创造性地解决教学问题的过程。现代体育教学设计理论要体现出体育教学目标、方法和条件之间的多重关系,并揭示影响这些关系的变化要素,根据这些规律来建构体育教学体系理论框架。体育教学设计要表现出设计者的智慧与创造,需要设计者在一种独特的环境中阐明需要、确定策略,对教学设计的因素进行归纳整理。课程思想的独特性、教案的新颖性都来自设计者创造力的发挥。

6. 艺术性

设计是一门艺术,体育教学设计也具有艺术性。艺术源于创造,体育教师在设计教学的过程中,要根据教材、学生的个性特征和学校体育环境等因素,开动脑筋,发挥自己的创造性。优秀的体育教学设计方案应体现出独特的艺术价值,让人感到别具匠心,让学生感受到教师的用心良苦。

(三)体育教学设计的原则

1. 健身性原则

高校体育教学应该遵循“健康第一”的理念,大学体育课的主要任务是提高学生的身体素质。如果偏离了健身性原则,那么任何教学设计都是无效的。高校体育教学应当以适量的身体运动为形式,旨在促进身心健康,增强体力,掌握基本的运动技巧,提高社会适应能力,并形成“终身体育”的意识。

大学体育课的核心目的是“健康”,而不是为了选拔专业运动员。因此,体育教学的设计必须考虑大学生的生理、心理和技能水平。如果在设计中没有遵循健身性原则,那么学生锻炼的效果将会受到影响。健身性原则的关键在于掌握适当的运动负荷。与中小学相比,大学体育课通常不会安排太大的运动量和强度,而是强调健身性和寓教于乐。

2. 多样性原则

(1)教学方法的多样化。通常来说,在体育教学中进行新内容的传授,教师基本是先向大家讲解一遍，然后示范一遍，接下来就让学生跟着模仿练习了，其实这样非常单调、枯燥，大部分学生提不起兴趣。因此，高校体育教学需要倡导教学方法的多样性。有些内容比较简单，师生可一起练习；有些动作可用洪亮的嗓音喊口令，促使学生积极完成；在传统武术、健美操等教学中学生可配合音乐伴奏练习；在足球、篮球教学中学生能通过游戏法和竞赛法去练习。教学方法的多样性能提高学生的参与热情，提高教学效果。

(2)组织形式的多样化。体育课通常是班级授课制，常年不变的队形排列、固定的练习对象和伙伴，往往使学生感到乏味。可以结合教学内容，安排多样性的组织形式，使学生感到新鲜好奇，提高教学的参与度。

(3)授课内容的多样化。在高校体育教学中，教学内容安排也要多样性。不要受传统教学内容安排一个主教材、一个辅助教材的限制，要随着教学进程的变化随时调整，变换花样，就像人的一日三餐一样，每顿饭都有新的花样才会使人有胃口。

(4)评价方式的多样化。传统的体育教学评价是以动作质量的水平为评价依据进行的，这导致只能有少部分能力较强的学生受到赞誉，没有顾及那些基础一般的学生。因此，在高校体育教学的评价中，要注重过程评价和定性定量相结合。只要是认真练习、有进步的同学，就应该受到表扬和奖励。比如在期末可评出“最有价值奖”“最大进步奖”“最佳动作奖”等奖项，篮球、乒乓球、羽毛球等项目可以在学期末进行比赛，决出名次进行奖励。此外，评价方式不一定由教师决定，还可让学生来提议，如果方案多还可以投票表决，这样既能培养学生的各种能力，又提升了教学价值。

3.竞争性原则

竞争性是人类天生具备的特质，而人类所创造的体育运动项目也具有竞争性。在高校体育教学的设计中，应该注重教学内容的竞争性，因为大多数学生认为一个人练习远不如和其他人一起玩有趣。但由于学生的体育基础不同，竞争应该尽量做到公平合理。例如，在篮球比赛中，要平均分配每支球队的人员实力，将球技出色的和不太熟练的分到同一组；如果分组实力差距过大，比赛就失去了悬念，也就无法达到竞争的目的，让能力强的觉得不过瘾，能力一般的感到没有兴趣。因此，只有在公平合理的基础上，让所有人都参与进来，并有所收获，才能实现教学的初衷。

4. 趣味性原则

兴趣是学习的最好推动力，而学生喜欢体育项目的原因是其中有些项目非常有趣。当学生在趣味竞争中获得愉悦时，神经系统的兴奋性也会进一步提高。因此，在体育教学设计中适当增加趣味性，可以调节课堂气氛，提高教学质量。

二、体育教学设计的程序

(一)体育教学设计的基本程序

(1)分析现阶段的教学任务是什么，并根据任务阐明教学的预期目标。

(2)充分摸清学生的基本状态，包括他们现有的知识水平、技能掌握的能力、身体素质、体育兴趣等。

(3)分析学生在一个完整的教学阶段内应掌握的所有的理论知识、动作技能，或者是应形成的态度与行为习惯等。

(4)确定教材，从教材上安排学习内容，选择合适的教学方法和手段，为学生提供教学指导。

(5)确定用什么样的手段与方法和学生互动、沟通。

(6)考察教学结果，进行教学评价。体育教学通常以阶段考核或期末考核的方式，对所有学生进行评价。所以要设计好考核的具体方式、具体安排等内容。

(二)体育教学设计表的书写

1. 教学设计说明

(1)写出教学设计的意图，阐明进行活动的目的，表达出整体思路，突出课程的特色。

(2)教学分析，包括内容分析和学情分析。

(3)教学目标，包括知识技能、过程方法、情感态度与价值观。

(4)教学策略,包括教学方法、教学手段;讲解、示范、练习、竞赛、多媒体、信息等方法和手段的具体讲解。

(5)教学过程。即把一节课的整体过程表述得详细一些,把对课上发生的主要活动的设想都写出来。

(6)教学反思与评价。下课后,对教学进行回顾,仔细分析教学的优缺点,并思考其原因;也可设想一下如果换其他方式会怎样等。

2. 书写说明

(1)体育教学设计的书写格式没有太多要求,常见的包括文本、表格以及二者的结合。

(2)纯文本形式的教学设计能充分表达出教学思想和教学内容,但信息量大,很难体现出教学结构各要素之间的关系。表格形式更加简洁,能够综合表现教学环节诸因素之间的整合,但内容却不够详细。因此,采取表格结合文本的形式来书写最为合理。

(3)为清晰地表现出教学程序,方案的最后部分要有教学流程图和讲解、示范、练习、竞赛等设计图,便于教师更加清晰地了解教学全貌。

三、体育教学设计的具体内容

(一)体育教学目标的编写

1. 体育教学目标的表述

不同层次的体育教学目标,其表述方式也有所不同。一般来说,大学整体的教学目标和每个学年的教学目标相对抽象,内容比较广泛,但它们是单元目标和课时目标的基础。而单元教学目标则更具体些,它是教材中某个单元的学习范围,根据学生的个人发展情况,以行为目标的形式将总教学目标分解为众多小目标。在确定目标分解程度时,需要结合具体情况,并最终明确界定。在编写教学目标时,如何清晰、准确、具体地表达课时体育教学目标是一个实际的问题。教学目标必须指明教学结束后学生身上所发生的变化,表述时要促进学习经验的积累并指导教学。然而,有些教师在表述目标时会出现以下错误：

(1)把目标当作教师要做的工作来陈述，忽视了对学生发生何种变化期望。

(2)列举教学过程中的各个因素，但没有说明应该如何处理这些因素。

(3)陈述目标的方式比较笼统，没有具体指出行为所适用的领域。

2. 表述教学目标方法

教师可以根据自己的需要选择适合的体育教学目标、内容和不同的陈述方式。体育教学目标的表述方法有很多，下面介绍两种比较经典的方法。

(1)ABCD 法。规范、明确的教学目标表述必须包括四个因素：行为主体(Audience)、行为动词(Behavior)、情境或条件(Condition)、表现程度(Degree)，这四个因素合起来简称 ABCD 法。

ABCD 法的优点是可以具体地描述教学目标。缺点是过分强调结果而不注意学生内在的心理过程；注重行为变化，但忽略了内在能力和情感上的变化。

(2)内外结合。从实际的体育教学情况来看，有一些心理过程无法行为化，因此必须使用描述心理过程的术语。首先使用包括知觉、理解、记忆、创造、欣赏、热爱、尊重等描述心理活动的动词来陈述，再使用可以直观看的活动作为例子使这个目标具体化，将内部活动和外显行为结合起来描述教学目标。这样做能够有效避免心理描述的抽象性，防止行为目标的局限性。

(二)体育教学策略的结构

体育教学策略是教师为实现教学目标而采取的教学活动准备、行为组织形式安排、教学媒体选择等方面的措施。体育教学策略设计是体育教学设计中的重要环节，能够帮助教师和学生更好地解决“怎么教”和“怎么学”的问题。只有采用合适的教材策略，才能有效地完成预期的体育教学目标。

1. 体育教学指导思想

体育教学指导思想是对教学策略进行准确理论诠释的基础，是体育教学策略方法的理论支撑。在制定和实施教学策略时，不同教师所持有的不同教学思想会导致不同教学策略的使用。

2. 体育教学目标

体育教学目标是体育教学策略的核心要素，对其他体育教学要素有制约作用；反过来，任何教学策略都明确指向体育教学目标。在运用策略时，活动内容、活动细节、活动方式、活动程序等都是为了实现体育教学目标而服务的。

在不同的体育教学中，由于教学目标的不同，必然会采取不同的教学策略。在设计策略时，教师需要弄清在本单元或本课中要达成的目标，并思考实现这些目标的途径。总之，分析体育教学目标是确定有效体育教学策略的关键。

3. 实施程序

体育教学策略的实施形式是一种组织程序，因此其自身具有操作序列，即按照时间逻辑展开活动步骤。由于体育教学活动存在特殊情况，因而体育教学策略的实施程序是相对稳定但不是一成不变的。具体来说，体育教学策略实施程序有一定的先后顺序，但这个顺序不是固定不变的，而应根据教学条件和进展进行相应调整。

4. 操作技术

操作技术是体育教学策略的方法和技巧。为了确保教学策略的有效实施，教师在实践中需要提出清晰明了的操作步骤，包括以下内容：

(1)体育教师在教学策略中扮演的角色、具有的作用及相关要求。

(2)在体育教学内容上，包括教学策略的依据和对教学内容的处理方式。

(3)在体育教学手段上，除了常用的手段外，还需要考虑到策略所需的特殊手段。

(4)在使用范围上，需要考虑策略的性质以及学生的个人特点等因素。

(三)体育教学过程的编制

教学过程设计的最直观体现就是以图表的方式进行教学方案的编制。体育教学设计方案的编制模板见表5—1、表5—2、表5—3、表5—4。

表5—1　教学目标一览表

知识点	教学目标	学习水平				
1						
2						
3						

表5—2　学习内容分解表

知识点	重点	难点
1		
2		
3		

表5—3　教学媒体选用表

知识点	学习水平	媒体类型	媒体内容要点	作用
1				
2				
3				

表5—4　形成性评价表

知识点	学习水平	项目内容
1		
2		
3		

第二节　高校体育教学改革的文化驱动力

体育教学改革不是一蹴而就的，而是一个渐进的过程，会经历从量变到质变的飞跃。从某种程度上来说，体育教学改革打破了原有的体育教学系统的平衡状态，使其进入了非平衡状态。因此，从物理学的角度来看，体育教学改革在进行中必然会受到“力”的作用，这种力量为体育教学改革提供了有效动因。文化因素是影响体育教学改革的重要因素之一，在体育教学改革中具有不可忽视的作用，这为我们引入了文化驱动力的概念。文化驱动力是指由体育教学改革内外部各种相关文化因素之间的矛盾构成的，旨在促进和推动体育课程周而复始地运行和发展的力量，其对我国体育教学改革起到了推动作用。但是文化驱动力究竟是什么，具有什么特征，这是本节要探讨的问题。

一、体育教学改革文化驱动力的本质

(一)由多种文化分力构成

体育教学改革的文化驱动力是由多种文化分力共同形成的。由于体育教学改革的过程十分复杂，它受到多方面的作用机制限制，因此体育教学改革的文化驱动力是一种合力。在多方面给的“力”的共同作用下，体育教学处于相对平衡的环境中，体育教学的发展是平稳的过程。然而，如果这种平衡被打破，即使只是很小的环节处被打破，体育教学就会进入一种“震荡”状态，这时教学本身需要做出调整以适应这种变化，这就是体育教学改革的本质。这种调整需要反复地、不断地适应和调整，不能一下子完成。因此，从高校体育教学的实际发展来看，对教学的改革是经常出现并反复发生的。

(二)由诸多文化因素之间的矛盾产生

体育教学改革的文化动力是由体育教学外部文化因素和内部诸多文化因素之间的矛盾共同构成的。从二元论的视角来分析，可以将体育教学改革的文化分为内部文化和外部文化两部分，这样就能够非常直观清楚地意识到，正是内外部文化因素之间出现了矛盾，所以体育教学改革才有了文化驱动的源泉。虽然这从根本上无法做到，也不符合客观事实，但为了研究方便，这么做也是有现实意义的。

当体育教学的内部信息和外部信息进行交流与转换时，由于二者间的文化信息本质和属性是不同的，从而导致信息流不对称现象的发生，进而造成体育教学体系失去平衡，迫使体育教学进行一系列的改革，使之尽可能地恢复到平衡状态，从而继续发展下去。

但要注意的是，这种信息的交换中客观存在着一种“不平等”的现象，即并不是两个母系统之间直接发生作用，而是存在着母系统和另一系统内部的子系统进行信息交换。从这方面来看，这种信息交换使得体育教学系统陷入更大程度和频度的“震荡”之中，也使得体育教学的诸多要素更加错综复杂。

（三）主要驱动力与次要驱动力

体育教学内部所产生的矛盾是体育教学改革所面对的主要矛盾，由此产生主要驱动力；体育教学外部所产生的矛盾是体育教学改革所面对的次要矛盾，由此产生次要驱动力。该论断在某种形式上指出了影响体育教学改革的主要因素和次要因素，但这些因素并不是绝对的。

从体育教学改革的发展来看，该过程体现出“蝴蝶效应”的态势。体育教学诸因素的任何一个微小的变化，都能引发一场地动山摇的改革。因此，从体育教学改革的本质来看，也不一定非要分出“主要驱动力”和“次要驱动力”。但是，对改革出现的诱发原因进行分析后可以看出，由于教学内部诸因素之间的关系非常复杂，比外部因素之间对于体育教学的影响更加深刻也更易发生，所以才有“主要驱动力”和“次要驱动力”之分。

（四）体育教学改革的内驱力

体育教学活动是体育改革文化驱动力的载体，通过体育教学中的诸多因素间的反复作用，构成了体育教学改革的文化“内驱力”。任何文化本质都会通过某些具体的行为与方式来体现，所以在高校教育中，体育教学作为不可或缺的一部分，无疑是体育教学改革文化驱动力的首要载体。

任何体育教学活动几乎都涵盖体育教学所能涉及的方方面面，一堂出色的体育课应该具备体育教学不同要素之间的协调与配合。相应地，这些因素之间的任何不协调也是以体育教学活动的形式出现的。其实，体育教学外部因素的矛盾是通过教学活动本身体现出来的。正是这些文化因素在体育教学活动中的集中体现，才会导致体育教学改革体现出由内及外的文化“内驱力”。

打个比方，将体育教学活动拟作一个表演的舞台，那么所有参与体育教学改革的文化因素都有机会来展现自己的“魅力”。从这方面来讲，所有的文化因素都能转化为体育教学改革的文化驱动力。

二、体育教学改革的文化驱动力特征

(一)动态性

体育教学发展到今天能够越来越好，正是由于其文化驱动力具有动态性的特征。无论体育教学改革最终是“成功”了还是“失败”了，其实从本质上，敢于改革就是一种成功，毕竟它使体育教学处于不间断的流动与变化之中，从而为体育教学系统增添了文化驱动力。

从实际上看，即便是体育教学发展处于相对平缓的时期，将其比作湖水的话，在平静的水面下也是暗流涌动的，正是在这种看似平静的状态中引发出了一次又一次的教学改革。此外，这种动态性还体现在不同要素之间的互动上，这些要素彼此之间始终处于一种相互影响、相互转换的过程中。

综上所述，在体育教学改革的文化驱动力特征中，动态性是其中之一。

(二)方向性

体育教学改革是有针对性的活动，具有明显的方向性，这是由体育教学的文化属性决定的。文化蕴含着人类的一切文明，它的诞生与发展必然体现出人类的社会发展进程。任何形式的体育教学改革都有明确的方向，具有明确的针对性。

从体育教学改革的历史来看，也有鲜明的方向性。从 20 世纪初期的“军国民”体育思想发展到如今的“终身体育”思想。综上所述，体育教学改革的文化驱动力具有明确的方向性，这是显而易见的。

(三)层次性

体育教学改革的文化驱动力并不是千篇一律的，它具有明显的层次性。

首先,作为对体育教学改革具有助推作用的驱动力,每一种驱动力对于体育教学改革的作用方面和作用程度是各不相同的,这里包括主要驱动力和次要驱动力之分。

其次,各种文化因素对于体育教学改革的影响并不是盲目和偶然的,而是具体和必然的。例如,在国家经济文化对体育教学的影响中,国家GDP水平、教育经费的投入以及人民生活水平对于教学改革的影响是在不同层面上发生的。

综上所述,层次性是体育教学改革的文化驱动力特征之一。

(四)协同性

协同性通常包含两层意思,即竞争与合作。体育教学改革的文化要素在协同性特征上,体现出十足的"复杂性"。一方面,高等教育课程学科有很多,而教育经费、教学资源却是有限的,所以体育课必然会与其他学科的课程展开激烈的资源竞争;另一方面,当前,体育教学改革不能仅仅依靠体育课自身的努力完成,它必须在整合自身资源的前提下,在教育系统和社会资源的共同促进下实现。

同时,作为文化内部之间的各种影响要素,它们既存在着竞争,又存在着合作。竞争与合作的现象是非常普遍的,更多的时候,竞争伴随着合作共同展开。例如,在体育教学改革进程中,各种文化因素往往都会体现出合作精神,不过都对先前的体育教学不适应,但通过体育教学改革之后,这些文化因素又不可避免地体现出竞争性,表现在对于体育教学资源的竞争等。恰恰是这种竞争与合作的协同性,使得体育教学改革得以发展和前进。

(五)差异性

体育教学改革的文化驱动力是一种作用力,其作用方式的不同体现出差异性,而不同的作用方式也会最终造成对体育教学改革的影响的明显差异性。同时,虽然文化驱动力各因素处在同一个系统中,但是它们在不同时期、不同领域具有不同的表现形式。

例如，民族情感属于精神文化的范畴，其在不同时期、不同历史背景下会彰显出不同价值；再如，政治文化在不同历史阶段对体育教学的影响力也是不同的。所以，文化驱动力的差异性特征从另一方面也对我国体育教学改革具有促进作用。

（六）突变性

从体育教学系统来看，突变是一个重要标志。但要注意的是，这种突变是针对体育教学内部而言的，并不是从外界直接看到的剧烈震荡的情景。如果当外界看到这些震荡的景象，这反而说明体育教学改革已进入末期，很快就要结束了。所以，在体育教学改革中所说的形势突变，通常是在体育教学改革酝酿时期已经出现的质变，而不是为外界所喜欢的表象。一旦出现具体的形象，体现出具体的模样，也就意味着结束的开始。因此，体育教学改革的文化驱动力突变特征和一般意义上的突变现象是有一定的区别的。在体育教学的内部体系中，那些难以察觉的、错综复杂的关系之间所产生的剧变正是体育教学改革的文化驱动力的主要特征。

第三节　高校体育教学改革的策略分析

一、体育教学方法改革策略

（一）及时更新教学内容，强调“精”“实”“新”

高职院校在体育教育专业的教学内容上要做到与时俱进，并针对自身教学实践的不足之处进行及时完善、补充，这样才能够提高整体的教学效果。教学内容的更新可以分成三个部分进行。

首先是“精”，所谓的“精”就是把体育教育专业课程中的一些内容进行精简、合并，以此来提高教学效果。例如，把一些原本是必修课程里的内容（如体育学）和选修教材中的体育史进行整合，这样既可以避免教学内容的重复，又能够为其他专业课程的学习留下更多的空间。此外，也可以将一些普遍性的运动项目精缩，如在进行篮球或排球课程教学时可以调整教学时长，让学生把课余时间利用起来进行训练。

其次是“实”，即针对高职院校的具体情况，融入一些带有地方特色的课程。例如，地处河南或河北地区的院校，可以把一些课程的课时比例进行适当性调整（增加武术类课程的课时），对于地处南方区域的院校可增设一些水上运动内容，以满足学生的学习需要。

最后是“新”。“新”就是在教学中融入一些新兴的运动项目，如街舞、跑酷或者滑板等街头运动项目中，这些项目的引入对学生今后的就业或者全面发展意义重大。

（二）改变传统的教学策略，重视体育教学的科学性

落实教学改革的目的就是优化整体的教学效果，强化学生的综合能力，为国家与社会培养专业能力强、身体素质好的体育人才。而要实现这个目标就要把以下几个环节的工作落实到位。

首先，高职院校对现有的入门要求进行酌情提高，并运用科学的方式优化生源质量。学校在进行招生的过程中要考虑自身的实际情况，优先选择那些具有潜质的学生，在迎合市场的同时要重视生源质量，为培养合格体育教育人才做好充分准备。

其次，是运用科学的方式提高教师的职业素养和专业能力。校方在人才引进上除了设定严要求、高标准之外，还要运用“请进＋走出”的培养机制，再配合公平、公正、合理的奖惩机制来全面强化教师的职业素养和专业水平。

最后，在具体的教学实践中要采取针对性、科学性的思维方式，加大社会体育指导员以及体育运动相关的志愿者的培养力度，这样既能够解决当前中小学体育教师力量不足的问题，还可以完善现有的专业人才培训机制。如果条件允许，教师可以在教学过程中增加一些关于体育情感方面的内容。例如，可以引导学生在现有的运动基础上加入自身感兴趣的内容，这样既能够调动学生的学习热情，强化学生的体育求知欲，还可以培养学生终身运动的

意识。但值得注意的是,教师在进行体育情感培养的过程中,要严格按照因材施教的教学态度,确保学生能够具备两到三项运动技能。

(三)体现学生的主体性,个人能力与实践锻炼两手抓

和高校其他专业的学生相比,体育教育专业的学生除了要具备扎实的理论课程之外,还要拥有良好的实践能力。要实现这个目标,首先要把学生在课堂教学中的主体性体现出来。传统的体育教学中,教师通常是采用“照本宣科”的方式完成教学活动,学生依据教师的要求和示范动作进行练习,整个课堂沉闷、无趣,学生无法将自身的主体性和自主意识实现出来,只能够沿着教师的教学思路走。虽然这样的方式对提高学生的专业成绩会起到一定的作用,但对学生的个性发展和创造意识的培养是极为不利的,有一些学生甚至在学习过程中产生了厌学的情绪。为了避免出现此类情况,教师在进行教学活动的过程中要重视学生的主体性,把课堂的主动权交由学生掌握。

其次,教师除了要做好专业领域内的基础教育工作之外,还要重视学生个人能力的培养。通过一些针对性的方式发掘出学生的个人潜力,再把学生的能力融入到整体的专业教学活动中,这样就可以确保学生将学到的专业知识和体育技能顺利地向综合素质方向进行转变并且内化。最后是增加体育教学中的实践锻炼内容,能够让体育教育专业的学生切实体验不同教学环境中的具体情况,并从中发现自身的不足之处并进行自我完善,全面提高学生的专业素养和专业水平。

二、体育教学评价的改革策略

(一)基于DEA模型的高校体育教学评价改革

1. 体育教学评价和DEA模型的基本概念

(1)体育教学评价的概念

“评价”一词在《辞海》中的解释为衡量人或事物的价值。价值是指一

种事物能够满足另一种事物的某种需要的属性，换言之，一种事物能满足某种需要的属性即为该事物的价值。“教学评价”这一术语的概念较多，但它有一个相对比较全面的概念，众多学者基本上都是在此基础上进行深入理解：教学评价是指在教学过程中依据教学目标，有计划、有目的地观察、测定教师和学生学习的种种变化，根据这些变化对照教学目标、教学计划、教学效果、学生的学习质量及个性发展水平，运用科学的方法做出价值判断，进而调整、优化教学进程，促进学生达成教学目标的教学实践活动。由众学者的观点来看，可以把教育评价的概念归结为依据一定的标准，在系统、全面地收集、整理和运用教育信息的基础上，对教育活动的过程和结果进行价值判断，以做出相应改善和调整来促进教育活动的过程。体育教学评价被看作教育评价的重要组成部分，并且是教育领域中一般评价活动的一种具体体现。

(2)DEA 概念

数据包络分析(Data Envelopment Analysis，DEA)是一种交叉学科，融合了数学运筹学、数理经济学、管理科学和计算机科学。该学科于1978 年由查恩斯和库伯等人创立，并被命名为 DEA。最初的模型是CCR 模型，随后在 1984 年，等人提出了另一个 DEA 模型——BCC 模型。最经典的模型包括 CCR、BCC、FG 和 ST 等。简而言之，DEA 模型通过将评价指标的实际数据输入软件包，自动生成最优临界值，并计算每个被评价对象与最优临界值的距离。根据这些距离，可以判定每个被评价对象的优劣程度，即最终的评价结果——相对有效性。

2. 当今我国高校体育教学评价改革的动因分析

(1)政策支持。2017 年颁布的《国家教育事业发展“十三五”规划》明确提出：“高等教育要深化本科教育教学改革，改进教学评价机制和学生考核机制。”该文件反映出国家对教育改革的重视和支持，同时还强调了高等教育是培养高质量人才的重要途径，教学评价作为教学过程的重要组成部分，不仅能对教学质量进行评估，还能促进整个教学过程的提高。

(2)新时代要求。这个新时代是指继承和发展前人成果、在新的历史条件下继续夺取新时代中国特色社会主义伟大胜利的时代。因此，在教育领域，我们也要不断开拓创新，这样才能适应新时代的需要，取得教育事业的伟大成就。

(3)现有体育教学评价机制存在问题。事物发展是一个曲折的过程，需要通过发现问题、解决问题来推进。我国高校体育教学评价存在四个方面的问题：重视程度不高、评价主体单一、评价方法缺乏科学性以及评价内容不够全面。这些问题的存在说明高校的体育教学评价机制亟须改进。因此，现有的体育教学评价机制存在问题是我国高校体育教学评价改革的原因之一。

3. DEA 模型用于高校体育教学评价的可行性分析

DEA 方法与传统体育教学评价方法的相似之处在于：它们都是为了进行相对有效性评估，以提高各个实体(教师、学生、企业、学校等)的积极性；都是通过评价来发现各决策单元的现状和不足之处，从而找到改进措施；并且教师评价是一个具有多个投入和多个产出的复杂系统。

DEA 方法与传统体育教学评价方法的不同之处在于：传统的体育教学评价方法需要对各项指标进行权重赋值，然后才能得出评价结果；而 DEA 方法则不需要任何权重假设，将搜集到的决策单元的输入和输出原始数据导入软件包中，通过模型可以直接计算出最优权重，并确定生产前沿面，排除了许多主观因素，因而具有很强的客观性。此外，传统的体育教学评价方法需要在对各项指标进行判断后，进行大量的统计和计算工作，才能得出评价结果；而 DEA 方法则是将投入和输出指标的数据导入软件包后，直接显示各决策单元的相对效率是否有效，从而省略了烦琐的计算和分析过程，直接找出需要优化的指标。

从现有体育教学评价方法和发展趋势来看：变革课程评价是打通国内基础教育课程改革“瓶颈”的关键，丰富发达的评价理论必将推动评价实践的发展。体育教学评价的价值取向已由“目标取向”转向“过程取向”和“主体取向”，同时，体育教学评价方法已经由质性评价取代量性评价走向质性评价与量性评价的完美结合。普通高校的体育教学评价方法的改革趋势是人性化和客观性。

从DEA方法的功能角度来看，它非常适用于体育教学的评价。DEA在避免主观因素、简化算法、减少误差等方面具有很大的优势。从体育教学评价的过程来看，体育教学评价的整体趋势是既需要定性评价，又需要定量评价，但是由于体育教学本身是一个复杂的过程，采用现有的评价方法或多或少会掺杂主观因素，从而导致评价结果缺乏真实性。DEA的核心思想是将各决策单元与所估计的生产前沿面进行对比，识别出低效率决策单元，并计算出每个决策单元的效率值，本质上是判断决策单元是否位于生产前沿面上。从DEA操作角度来看，此类软件包(已有DEAP2.1版本)操作简单，只需预先建模，标记各决策单元，然后将收集的投入和输出数据导入模型中即可直接得到评价结果。

(二)“以生为本”的公共体育教育评价改革策略

1.开展“以生为本”体育教育评价的重要意义

(1)为公共体育评价提供了正确的指导思想。对于高校体育教学活动来说，如何进行合理、科学地评价是体育改革过程中最难的问题。而“以生为本”的理念则是能够有效解决此问题的重要方式，其为促进高校公共体育教育的可持续发展提供了正确的指导思想。

(2)确定了公共体育评价的改革目标。根据多年体育改革实践过程可知，高校公共体育教育的指导思想已经从传统的“增强体质”升华到目前的“健康第一”，这标志着目前国内高校公共体育改革更接近体育发展的本质。“健康第一”的基本出发点是要坚持“以生为本”，这是体育教学过程坚持落实科学发展观的具体体现。由此可知，“以生为本”的科学发展观为高校公共体育教学评价改革指明了方向，确定了改革的基本目标。

(3)加快了公共体育评价改革的步伐。对高校公共体育教学评价进行改革，是为了推动高校体育事业持续健康发展。我国体育教育改革之所以能够顺利开展，表现出良好的发展势头，关键在于“以生为本”理念的提出。同时，在高校公共体育评价中必须坚持“以生为本”，建立全新的评价体系，这既能够有效推动体育事业的可持续发展，也是落实和贯彻科学发展观的重要体现。

(4)落实科学发展观。国家要实现可持续发展,必须全面落实科学发展观。科学发展观的基本要求是将以人为本贯彻到社会生活的各个方面和各项工作中,从具体实事、小事做起。在渗透到高校公共体育教学评价中,就是要坚持“以生为本”,建立全面、合理的全新公共体育评价体系,推动体育事业健康稳定发展。

2.现行公共体育教学评价“以生为本”缺失的具体表现

(1)公共体育教学评价体系价值取向“以生为本”的缺失。目前,公共体育教学评价体系过于注重管理功能,忽略了对学生发展的评价,使体育教育评价成为教育管理的工具。传统教学评价体系过度重视目标导向,忽略了对学生真正需要的评价,导致学生学习积极性和兴趣难以被激发出来,如果让学生带着沉重的心理负担去学习,将会极大压抑学生的激情和创造性。

(2)公共体育教学评价内容“以生为本”的缺失。由于受到传统体育教学模式的影响,国内体育教学内容通常以技术教学为主,通常采用竞技运动的教材体系,竞技内容在评价时所占成分重、比重高。目前,高校公共体育对学生的评价通常包括平时成绩、理论成绩和技术成绩三个方面,其中技术成绩占比较大。这种评价方式仍然一成不变,过度重视技术动作的标准性、规范性和质量性,部分同学难以有效掌握和完成标准动作,这就导致部分学生对体育课失去兴趣,甚至出现了厌烦的现象。

(3)公共体育教学评价方法“以生为本”的缺失。随着“健康第一”教学理念的提出,越来越多的人开始认可这种教学理念,并积极对体育教学活动的各项内容进行改革,如体育教学方法、教学内容及评价体系等。然而现实中体育教学实践改革与“健康第一”的教育理念仍然存在较大差别。大学生经过小学、初中、高中等时期的传统体育教育,不仅没有形成对体育课强身健体的目的及人文精神的追求,反而产生了一定程度的厌学及担忧心理。然而在各类大型比赛中,大学生在电视屏幕前狂热与体育教学过程中的严肃形成了明显的反差。究其原因,关键在于目前高校公共体育教学仍然围绕体育考核进行,学生也是为了成绩合理而被动地学习。公共体育教学评价内容的不科学、不合理极大地打击了学生参与体育运动的积极性和兴趣,学生对体育的狂热和激情在“应试”模式中消失殆尽。目前国内公共体育教育评价仍然是采用应试教育的定量评价方法,表面上看十分公平,但是评价方法单一,难以有效反映学生的真实情况。尤其是对学生心理、态度、方法及创新能力等都缺乏翔实的判定。

(4)公共体育教学评价主体“以生为本”的缺失。教学评价的主体通常包括两层意义:第一,体育教学课堂的主体性。传统的体育课堂评价主体过于注重教师课堂效果的评价,往往忽略对学生的评价。“以生为本”的体育教学评价应该充分重视学生主体,确定对应的主体性的课堂评价标准,要同时重视师生双方的共同活动,摒弃传统教学评价仅注重教师的偏向性。第二,体育教学评价的主体性。传统评价模式对学生的评价通常由体育教师一人决断,学生没有任何自主性,只能接受教师的评价结果,也没有参与评价的权利,一直都处于十分被动的地位。

(5)公共体育教学评价标准“以生为本”的缺失。传统的公共体育教学评价通常采用统一的评价标准,以标准化要求作为评价学生体育课的唯一手段,采取这种评价标准,限制了公共体育多样化的发展,必然会影响学生的全面发展,压制学生个性。同时,这种统一标准评价模式注重的多是结果,忽略了学生在公共体育学习过程的基础特长和努力的过程,极大地打击了学生学习的积极性。

3.“以生为本”公共体育教学评价改革策略

(1)公共体育评价的价值取向。公共体育教育评价的内容和标准是集体行为,与体育主管部门和领导者的意识密切相关,教师和学生通常只是教学目标的执行者。因此,在制定公共体育教学评价的内容和标准时,必须考虑学生的实际情况,相关部门和领导者要认真组织、深入研究。在“以生为本”的理念下,教学评价必须重视学生的主体地位,不能走过场、流于形式。

(2)公共体育教育评价内容的全面性。在对公共体育教育进行评价时,除了坚持“以生为本”的评价原则外,还要关注对教师和学校的评价,实现评价内容的多元化。对学生的评价不仅要关注其体育技能的掌握程度,还要关注其在体育课程中学习到的体育理念、综合素质的变化情况。

在评价过程中要尊重学生的个性，充分体现公共体育教学“以生为本”的基本理念，以便能够全面地从各个方面对学生进行评价。此外，还要对学校和教师进行评价，对于教师的评价既要关注其体育教学效果，也要关注其体育理念和体育素质；对于学校评价既要关注其体育硬件设施，也要重视软件建设，特别是学校为学生提供的体育氛围等。

(3)公共体育教育评价方法的多样化。公共体育教学的评价方法应该多样化，要坚持“以生为本”，根据学生的个体差异、兴趣及风格等因素采取多元化的评价方式。注重不同学生之间的个体差异，改变传统的单一考试及评价标准，应该根据具体的评价目标和内容等针对学生的具体情况选择成长记录、活动报告等评价方法，同时有效地将这些评价方法结合起来，取长补短，统筹运用。具体来说，可采用以下三种评价方法：第一，自我评价与他人评价相结合的评价方法；第二，终结性评价与形成性评价相结合的评价方法；第三，定性评价与定量评价相结合的评价方法。

(4)公共体育教育评价主体的多元化。目前，对于公共体育教育评价都是以教师为主的单一性主体，这种评价方式相对片面，难以真实客观地评价学生的体育成绩。由于教师是管理者，而学生则被动地接受知识，因此在体育教学评价中没有主动权，只能被动地接受教师的评价结果。基于此，应该让学生参与到评价中来，通过学生参与评价提高学生的主体地位，学生的自我评价和互评不仅能够让学生深入了解自己的学习情况，还能促进师生的交流与沟通，形成民主、平等的评价关系，既确保了评价的合理性、真实性，也能使学生从心底认同评价结果。

(5)公共体育教育评价标准的多元化。由于每个学生在成长环境、背景、个性特长、兴趣爱好等方面存在一定差异的公共体育采用单一的教学评价标准难以客观、全面地评价每个学生，因此，采取多元化标准对公共体育教学效果进行评价是更完善、更科学的。制定的评价标准要充分考虑学生的个性，体现以生为本的教育理念。除此之外，还要充分考虑公共体育评价标准设计的公平性、规范性、可操作性及不同学生个体差异的适用性等，建立合理、完善的评价标准，以使公共体育评价结果具有更好的可信度和公平度。

三、不同视域下高校体育教学改革的策略

(一)传统视域下高校体育教学改革的思路

1. 将终身体育作为体育教学发展指导思想

终身体育是指将体育锻炼融入日常生活,并持续终身。从长期实践看,树立终身体育理念对于高校体育教学发展具有积极推动作用。

树立终身体育观念不仅是高校体育教学改革的指导原则,也是开展体育教学的重要切入点。从很大程度上说,实现终身体育目标关键在于教师是否坚持这个理念,以及学生是否具备这种意识。

因此,体育教师要引导学生树立科学理念,准确理解体育运动的价值,调整学习态度,努力学习体育知识和技能,掌握锻炼效果评价方法,为终身体育打下坚实的基础。

2. 以调整教学目标为体育教学发展重点

高校体育教学应将提高学生体质和健康水平作为首要目标,这是因为体育教学的本质作用。具体来说,调整体育教学目标应从以下两个方面入手。

首先,重视学生的个人发展和个性养成。体育教师应树立学生的主体地位,以促进学生的个体发展为切入点,通过各种形式的教学方式培养学生的竞争意识、创造能力和社会适应力,为学生未来步入社会打好基础。

其次,重视体育知识、技能和方法的掌握。大学生体育素养的基本要素包括体育知识和技能方法,而积极的体育动机和良好的体育素养对学生的未来发展至关重要。

3. 以丰富教学内容为体育教学发展途径

通过体育教育创新来丰富体育教学内容体系,是推动体育教学改革发展的重要途径。在高校体育教学中,教师需要做好以下三点:

(1)突出教学内容的科学性和逻辑性。在体育教学设计的每一个环

节中，所安排的教学内容必须符合体育教育的内在规律和学生的身心发育特征，使其真正有益于学生的个人发展。

(2)重视教学内容的多样性和趣味性。一方面，多样性的体育教学能让学生有更多的选择，高校体育教学不应该让每个学生都学相同的内容；另一方面，有趣的教学内容往往更受学生的喜爱，更能提高学生学习的积极性和主动性。

(3)提高教学内容的通用性和民族性。所谓通用性是指教学内容要有统一的规范和标准，适用于绝大多数的学生。民族性是指教学内容在选择现代竞技体育项目的同时，也要积极吸收那些体现中华民族传统、具有民族特色的传统体育运动项目或民间民俗游戏项目。

4. 建立综合性的体育教学体系

学生在体育教学中的主体地位是毋庸置疑的。因此，体育教学应围绕学生的全面发展建立综合而系统的体育教学体系。具体来说，建立综合性体育教学体系的前提是满足学生个体发展和社会需求。从实际情况来看，学生的个体需求和社会需求是辩证统一的，社会需求其实就是学生个人的发展需求。从高校体育教学的角度来看，通过各种形式的教学活动来促进学生个人身体素质、健康心理状态、个性心理特征以及社会适应能力的培养，使学生成为有知识、有能力、有品格的综合型全面发展人才。

(二)信息化视域下高校体育教学改革的策略

1. 与时俱进，转变教学理念

在信息化的教育环境下，高校体育教学改革要求教师更新传统的传授技能和身体练习的教学理念，使教学理念向科学化方向发展，并与时俱进、开拓创新，不断适应体育教学改革发展的新特点和新要求。当前，信息化已经广泛渗透高等教育中，高校体育教学的改革需要引入信息教学的手段，充分利用信息资源，让信息化指数为提高教学质量服务。

2. 借助网络平台，改革教学模式

利用网络平台的优势，对当前的教学模式进行改革，这是在教育信息

化背景下高校体育教学改革的重要途径。体育教师的信息技术素质和网络教学水平是提升网络教学效果的重要因素。

在信息化教学的背景下，教学中的学习需求调研、学生选课、体育教学实施、课后练习和教学评价都能借助网络平台来实现。在课前，学生可以通过校园网或学校信息管理系统按照自己的意愿选择相应的体育课程；在教学过程中，教师可以利用网络课程资源发布课件，使学生全面了解教学内容的理论知识和技术要点；下课后，学生通过网络课堂进行课程评价与反馈，教师根据评价反馈结果调整和改进教学，以提高教学质量。一阶段的课程结束后，学生可通过教务系统平台进行教学评价。评价的内容和指标的科学性和合理性决定了评价结果的可信度。因此，学生评价质量的高低很大程度上取决于评价问题和打分标准的科学设计。大数据平台的评价更具说服力，是教师反思自身教学模式、教学方法以及策略等的有效依据。

3. 拓展教学时间，改革学习方式

教学模式的改变可以进一步促进学习方式的变革。例如，近年来，随着互联网技术的不断更新和应用，在一些高校的体育教学中，教师引导学生利用网络课堂和新媒体资源进行学习。高校纷纷打造“信息校园”，借助互联网媒介和手机网络的力量，通过多媒体、视频等平台学习体育知识，运用电子阅览室、微信、校园论坛等进行交互式和自主式学习。

4. 充实教学内容，改革教学方法

现代网络信息数量庞大、内容广泛，十分复杂，其中包括形式多样、内容丰富的体育教学资源。对于体育教师来说，可以根据教学需要进行筛选和运用。期刊文献、微课、慕课、视频资源等形式的教学资源都可以充分利用到高校体育教学中，以充实教学内容，提高教学质量。

(三)“互联网＋”视域下体育教学改革的策略

1. 互联网＋对高校体育教学所起到的作用和影响意义

教学模式的改变能进一步引发学习方式的改变。近年来，随着互联

网技术的不断更新与应用，一些高校的体育教学开始引导学生借助网络课堂以及新媒体资源进行学习。高校纷纷打造“信息校园”，借助互联网媒介和手机网络的力量，通过多媒体、视频等媒体学习体育知识，运用电子阅览室、微信、校园论坛等进行交互式、自主式学习。

现代网络信息数量大、内容广，十分复杂，有着形式多样、内容丰富的体育教学信息。对于体育教师来说，可针对教学需要进行筛选和运用。期刊文献、微课、慕课、视频资源等形式的教学资源都可以充分运用到高校体育教学中，以充实教学内容，提高教学质量。

在实际的教学活动中，以往的教学模式及教学方法都是相对有限的，存在时间、空间上的限制，而在“互联网＋”模式之下则不会存在这种限制及实际问题，其将整体课程规模和影响力进行了一定程度上的拓宽、扩大，也让教育逐渐走向全面化、多元化和开放化。

在现如今互联网高度发达、不断发展的今天，有效教学不再仅仅局限于课堂，而是可以拓展到线上和线下，同时，以往交流模式效果和效率较差，尤其在学生学习过程中都是由教师讲解并自行理解和练习，在现如今互联网十分发达的今天，这样的情况不利于学生更好地进行学习和思考，对于学生思维能力和交流能力的发展来说也会存在着一定程度的阻碍和不良影响。而通过“互联网＋”则可以较好改变这种不足，改变以往交流方式，线上交流更加开放和多元，学生与教师之间地位更加平等，在不断互换交流的过程中学生知识含量就有所提高。

总体来说，相关大环境及技术视域之下，高校体育教育也需要走向开放化、多元化，需要积极做出有效的教学改革，才可以更好地提高最终教学效果及人才培养的综合质量，提升最终教学与教育的成效，让体育教育在新时代背景下高等人才培养的过程中发挥自身的价值和意义。

2.高校体育教学改革策略分析

(1)构建体育教学信息化平台。高校体育教育在新时代背景下需要做出积极有效的改变，特别是现阶段“互联网＋”发展十分迅速，所起到的作用和价值也相对较为明显，具体教学及相关操作过程中，需要积极进行信息化平台的建设与构建，从而形成良好的线上相关教学管理模式，提高最终管理及教学工作的实际成效与最终效果。教学活动管理现如今需要逐渐走向多元化和全面化，特别是在实际教学等各方面，需要充分认识到相关技术的价值和意义，有效进行实际性应用，进而提高最终管理与教学的效果。在这一过程中，体育教学信息化管理平台所起到的作用十分突出，平台具体在操作过程中可以涵盖校园体育资讯、在线知识教学、课外体育锻炼签到与记录、社团管理和体育场馆及用地预约、测试数据管理等多方面的内容。

以往教学活动的渗透性相对较差，自身多元化的特点也不够明显，很大程度上影响了教学与教育的效果情况，不利于最终普遍性教学质量的提高。而在进行教学改革的过程中，采取这样一个平台，管理合理性及综合性效果就可以得到明显的提高，规避了以往常见教学活动与管理成效方面的问题，从而带来一个较为积极的影响。

在以往开展教学活动过程中，进行场地的安排和管理难免会出现冲突，其根本原因在于，当出现课程安排变动等情况下，后续工作就会面临一个较大的问题，而相关场地安排方面的问题也会接踵而至。这些问题并不罕见，而利用相关平台开展管理，则可以在一定程度上避免出现冲突等问题，提高教学管理的效率和效果。

由此可见，相关平台塑造与构建是教学改革过程中相对基础、相对关键的一部分内容，所起到的价值和意义也相对较为突出，通过有关平台能够实现有效管理，并优化最终管理效果和管理综合成效。

(2)实现立体化混合教学模式的应用。传统体育教学模式存在一定的单调性，其仅关注教学过程而忽略学生的练习等方面，因而缺乏实际性和全面性。利用“互联网+”相关模式可以更好地实现立体化混合教学模式应用，注重学生学习兴趣和运动习惯的培养，为其成人成才乃至终身发展提供支持。

体育教育与德育密切相关，但传统教学模式缺乏对学生自主性和主体性的关注，导致教育和教学不够全面、实践性不足。通过线上线下联系，实现立体化混合教学模式应用，可以利用线上平台辅助学生学习，激发兴趣，让教学形式灵活多变，提高最终教学质量和成效。同时，可以将先教后学的方法转为先学后教的模式，课前组织有序目标性自学，课上针对问题进行教学，课后在线上持续跟进。这种模式具有很大的价值和意义。

多元化评价体系也是重要的一环。在现阶段高校体育教学中，利用“互联网＋”可以进行多元化评价，优化评价指标和体系，客观反映学生能力和情况。需要结合实际情况从多个方面进行多元化评价，并处理和对比数据。

(3)多元化评价体系。在现阶段高校体育教学过程中，利用“互联网＋”可以实现多元化评价，促进辅助评价指标和评价体系更加科学合理，优化最终效果和评价成效。客观评价对学生现有的能力和情况的反应十分明显，应从运动习惯、运动能力等多方面着手，并系统处理和对比评价数据。这种模式可以帮助学生更好地掌握现有知识和技能，提高其综合素养和竞争力。

第四节　高校体育教学改革的实践创新

一、高校体育教学改革的创新路径

(一)终身体育理念下的体育教学改革创新

1.落实高校“终身体育”必须坚持“以人为本”的指导思想

“以人为本”是科学发展观在教育工作中的体现，是教育工作的核心理念。根据调查，高校大部分学生喜欢运动，但却不喜欢上体育课，这反映了高校体育教学与学生日常生活的背离。

体育作为人类社会的一种活动形式，应该是有趣、有用和有效的。快乐的体育活动体验应该是正向的，因为大多数体育活动都能激发人们的兴趣。通常，对某种活动感兴趣的人会形成相对稳定的心理倾向，从而主动地培养自己的主观能动性、创造力和毅力，这对养成良好的运动习惯至关重要。一旦体育成为人们生活中不可或缺的重要组成部分，它就能陪伴他们一生。

在体育学校中,“以人为本”有两层含义。一方面,高校体育教育的主要目标是帮助学生健康成长,最终目标是让学生成为才华横溢的社会栋梁之材,并让他们过上健康的生活。另一方面,做好体育教育必须充分调动学生的积极性与主动性,努力提升学生在大学体育学习中对自己的要求,掌握一至两种运动技能,形成良好的运动习惯,将“终身体育”融入学生的心中。高校以人为本的体育思想是在充分尊重和肯定人性和对人的潜在智慧的信念的基础上,以调动人的积极因素,充分激发人们的创造力。

以人为本的教育理念是以学生为动力,为学生在校园积极营造良好的体育文化环境,对每个学生的个体差异应做到充分的尊重,重点强调学生的个性发展,促使学生体验到生活中的价值同生活中的幸福,培养学生成为一个完整的人。这种教育理念应该源于学生的真实生活,满足他们对健身和娱乐的渴望,调节生活节奏,信任并依赖学生。学生不仅是体育教育的对象,也是体育教育的起点和目的,所以必须更合理地把体育同整个终身教育联系在一起,应努力使其与发展智慧、高尚的品质、行为的艺术和良好的社交等更密切地维系起来。弘扬“以人为本”的体育理念是现代高等教育的核心价值所在,也是对不同层次的学生的内部需求进行满足。

2.落实高校“终身体育”实践和行动的具体措施与方案

(1)体育课程建设应当着重突出学生的主体性

当前,课程改革是高校体育工作的重中之重,其旨在实现“终身体育”的教育目标。因此,我们需要改变现有的过时的课程目标,以及体育课的教育现状,即改变学生缺乏兴趣、不了解、不想学的学习状态,逐步接受“终身体育观”作为指导思想。

学生在不同阶段接受不同程度的教育,但其主体地位始终不变。学生必然是学习的主体,在体育课教学过程中,学生在教师的辅助下,依然要保持自身作为体育学习和实践的探索者和发现者的身份。

为了稳固学生的主体地位,必须发挥学生的能动性、创造性以及独特性等主体性的品质。因此，我们应该积极创建以学生为主体、为中心的课程体系，积极拓展校外体育课程资源，完善志愿体育计划和体系。

此外，还要让学生充分认识到大学体育与终身体育之间的联系，并建立尽可能完善的师生学习模式，让学生至少掌握两种运动技能并在生活中加以运用。当学生的主体价值得到持续关注时，其体育潜能才能被持续开发和利用，个性才能得到全面发展。

最终，通过这种方式培养学生的热情和创造力，养成良好的锻炼习惯，过上健康优质的生活。

(2)体育教学内容要逐步具备健身与娱乐化的特质

尽管许多高校已经理论上理解了终身体育的重要性，并通过课程改革形成了更全面的教学体系，但一些高校却过分强调按照竞技体育的要求来运营这些课程。这导致了学生日常健身和娱乐计划之间的差距。因此，在高校体育课教学中，兴趣教育应该得到重视。因为高校体育课教学的主要目标是促进学生形成正确的体育观念，培养他们养成高品位的体育爱好。

高校体育教学应该从实际情况出发，合理安排部分学生感兴趣的休闲运动，例如武术、气功、瑜伽和其他传统体育项目，因为这些项目不需要很多空间和资金投入。此外，各高校还应对一些专用运动场设施及现代时尚运动内容进行一些必要投资，例如网球、家用健身器材、攀岩和悬挂式滑梯等，以适应不同爱好和不同性格的年龄人群。这样就能较为充分地满足不同生活水平和不同爱好的学生队从事体育锻炼和健身的要求，通过出汗实现健身目的，获得幸福感。

(3)体育课项目选择应多样化

目前，高校体育课程的教学内容单调，缺乏个性化和多样化。各学校通常根据竞技体育进行组织，并根据竞技体育的结构内容进行排列。高校体育课教育内容与中、小学基本类同甚至是重复。因此，有必要根据各学校的体育设施和学生的实际情况创造条件，并制定各种教育计划以满足不同学生群体的需求。比如，可以要求学生根据自己的兴趣和爱好，从大学的第一年开始，在每学期选择一个适合自己的运动项目。这样几年后，他们就可以较为熟练地掌握 1～2 种体育锻炼具体方法与技能，养成爱好并增强对运动的兴趣，直至形成持久与良好的运动习惯。此外，多样化的项目环境可以为学生提供更多的锻炼选择，极大地增加他们学习的热情，充分尊重和发展他们的个性。随着时间的流逝，“要我学”就会变成“我要学”，自觉锻炼的心理倾向会越来越强，这对学生终身体育锻炼的发展有积极影响。

(4)体育课程评价方式要多元化

目前，高校对体育课的评价大多采用最终成绩作为对学生的主要评价方法。这种评价方法过于偏重结果，已经落后于时代发展。评估与课时同步结束，无法在教学过程中提供及时有效的反馈，也无法帮助师生按时提高教学效果。因此，高校体育课程评价应当是定性评估和定量评估相结合。由于体育教学具有许多不确定因素，如学生的态度、身体素质、心理素质等，这些指标不能单纯通过定量方法来确定，因为不同学生进行的体育锻炼强度和运动负荷也是不尽相同的。因此，体育课教学中忽略这些定性指标会导致评价不完整和不够科学，有必要将自我评估与其他评价相结合。

传统的学生评价主要由教师进行，但从现代教育的角度来看，学生的自尊心也是不可忽视的重要因素。学生对自我的评价更能提供有效的信息，这也应该是大学体育教学目标的要求。此外，还应将统一性评价和多样性评价进行必要的整合。统一评价是对学生的知识、技能和身体能力的统一评价，而评价的多样性始于学习者的发展兴趣，同一学习目标可以在不同时间以不同的方式进行评价，最后应将成果评价与过程评价有机整合起来。由于学生家庭背景、心理水平和身体素质等的不同，他们不可能都达到相同的锻炼效果，所以在最终评价结果时应更加注意运动过程的评价以及运动的客观效果，以相应软化对运动成绩的评价。这样就能测试学生是否可以通过运动从原来的基础上得到发展和提高。这是“以人为本”的体育理念要达到的最高境界和水平。

(5)高校体育课教学还应积极探索“俱乐部”式教学模式

“俱乐部”式教学模式是我国高校体育课程改革中诞生的一种符合时

代发展的全新授课方式。在高校体育课教学中，采用这种模式可以更好地满足现代高校体育课程教学方向和社会实践的需求，同时也可以促进学生个性发展和体育运动的普及。

高校必修体育课的取消并不意味着学校不再关注体育运动，其只是不再强制学生参加传统的"填鸭式教学"，而是鼓励学生参加与学校俱乐部有关的活动。这样有才华的学生将在俱乐部中脱颖而出，并有机会参加较高水平的体育比赛。

"俱乐部"式教学模式的本质发展方向是为了大学生体质健康的提升和体育文化素养的培养，以达到终身体育锻炼思想在大学生群体内部的根植与生长。采用这种学习方式可以让学生根据自己的爱好选择课程，这也是对"以人为本"教育理念的最好诠释。它有助于建立学生的信心，开发他们的个性，释放他们的潜力，增强他们对运动的热情，并倡导"健康第一"观念。

(6)大力提倡和加强体育课程的网络教学法

如今，人们已经充分认识到网络教学的重要性。随着时代的变革、科技的进步和网络的高速发展，互联网普及时代要求我们不仅要做好面对面体育教学，还要充分利用网络资源来展示网络科技的魅力。例如，我们可以在网上公开授课内容和电子教案，让学生及时了解课程的进展情况并进行有针对性的预习，从而实现教师和学生之间的互动教学。此外，通过播放教学幻灯片还可以将复杂的技术动作充分分解，从而激发学生对体育教学的兴趣。

(二)素质教育视野下的体育教学改革的路径

1.树立素质教育观念

在素质教育的框架下，学校应该注重学生的素质教育，将学生对体育的热情融入体育教学中，为学生提供充足的时间进行体育学习。教师应该积极引导学生，激发学生对体育的兴趣和热情，传授相关知识，并监督学生进行体育训练。大学也应该转变原先以分数为导向的教育观念，重视学生的体育教育，培养全面发展的人才，促进我国体育事业的发展。

2.改变传统的教育方式

为了推动大学体育改革,教师需要改变传统的教育模式,根据学生的个性和特点进行教学。在传授知识的同时,教师应该注重培养学生的体育精神和团队合作意识。为此,教师可以采用多种教学方法。例如分组训练等,以激发学生对体育的兴趣和热爱。新的体育教学模式要求教师认真教学,将体育与实际生活相结合,让学生认识到体育的重要性。只有这样,才能真正实现大学体育改革的目标,培养出全面发展的人才。

3.营造良好的课堂氛围

传统的体育教学方式通常只注传授知识,导致课堂缺乏活力和趣味性。为了改变这种状况,我们需要采用更灵活的教育方式来激发学生对体育学习的兴趣。通过适当的趣味活动,在课堂开始时就能让学生沉浸在体育课程中,提高他们的学习兴趣。在教学过程中,教师应该引导学生对相关知识进行提问,这样不仅可以让学生在课前和课后更好地掌握知识,还可以通过幽默的方式活跃课堂氛围,让学生在轻松的环境中更好地学习和接受知识。这种方式不仅能够让学生感受到体育的魅力,还能够提升教师自身的身体素质。

(三)新媒体信息时代下新型高校体育教学改革

1.新媒体在高校体育教学中的作用

新媒体的教学方式主要以信息技术为引导,可以根据学生的实际学习情况来开发与之相对应的教学内容。目前,高校运用新媒体的频率越来越高,开始注重"健康第一"的指导思想,开始从学生的兴趣入手,全方位提升体育教学质量。

(1)传播体育文化知识。校园传媒有着自己独特的传播方式,可以通过校报、校园广播、校园电视等传播手段全方位、多角度地向师生传送最新的体育热点资讯和体育文化知识,提高了体育教学效果,使学生能够在第一时间掌握最新的体育资讯,丰富了学生的体育知识和体育技能。

(2)传承体育文化。新媒体是传播先进文化最重要的载体,可以通过各种媒介对学生进行体育文化宣传和渗透，还可以播放一系列的视频短片，使学生能够充分了解校园体育文化，扩大校园体育文化的影响力，激发学生进行体育锻炼的热情。

(3)弘扬体育精神。通过新媒体播放我国运动健儿在运动场上的精彩瞬间，可以激发学生的民族自豪感和爱国热情，引导他们树立正确的世界观、人生观和价值观，形成良好的体育道德风尚。

2.新媒体时代高校体育教学面临的问题

(1)新媒体教学的优势没有得到充分发挥。目前，高校的体育教学方式主要是课外的互动教学，而课内的理论教学课程较少。教师很少有机会利用网络资源对学生进行教学，甚至没有教师使用新媒体进行教学，导致新媒体教学的优势无法得到充分发挥。

(2)体育教学资源不足。由于我国网络体育课程起步较晚，教学条件仍处于初级阶段，开发体育多媒体网络科技业务的要求也比较高，因此现阶段我国的网络体育教学资源不足，导致教学效果不理想。

3.利用新媒体推动高校体育教学改革的策略

(1)改变陈旧的教学模式。目前，我国越来越重视高校的体育教学，以保证学生的身心健康。因此，高校近年来对教学手段、教学理论、教学内容和教学方式等都进行了全面改革，将新的理论和实践方法应用到了体育教学当中，以促进高校体育教学的长远发展。首先，教师可以在课堂利用多媒体设备生动形象地展示出各项体育运动的发展历程。其次，通过微信公众平台加强教师和学生之间的交流，学生可以将自己感兴趣的学习内容传达给教师，使教师在授课过程中更具有针对性。最后，利用多媒体平台对学生进行考核和评价，考查学生的体育能力，在发现学生动作不规范时，教师要及时纠正，并向学生讲解正确的锻炼方法。

(2)营造积极的校园体育文化氛围。校园传媒掌握着学校的舆论导向，营造良好的校园体育文化氛围要将体育文化放在校园文化宣传的主要位置。高校要关注一些国际性的体育赛事，利用多媒体设备对赛事进行转播，让学生在亲切、轻松、和谐的氛围中对赛事展开讨论。同时，不断宣传正面信息，舆论干预必须做到及时、有效，让学生在校园中能够充分感受到体育文化氛围。

二、体育教学的创新实践路径

（一）高等体育院校创新创业教育发展趋势

近年来，随着我国产业结构的不断调整和升级，第三产业，尤其是服务业迅速发展。体育产业作为新兴服务行业，其发展趋势日新月异，展现出强大的生命力。这为体育类大学生提供了更多的就业选择，使得他们的就业方向从传统就业方式转向多元化发展。然而，现阶段高等体育院校的教育仍然注重学生的体育理论知识和专业技能培养，而忽视了对学生创新创业思维的培养。这导致学生普遍缺乏创业所需的基本素养和能力，严重限制了他们进行创新创业的选择。因此，我们需要在教育过程中更加注重对学生创新创业思维的嵌入，以促进高等体育院校学生的创新创业发展。目前高等体育院校创新创业教育的数量广泛，但质量相对滞后。

第一，教学师资是影响其质量的主要因素，特别是缺乏专任教师，已成为学科建设的主要阻碍。

第二，保障机制缺乏，特别是提高教育质量的激励机制和政策保障上的不足尤为突出，部分学校甚至没有与之相匹配的专项资金。

第三，创新创业教育课程体系不够完善，不仅是高等体育院校创新创业教育的独有问题，也是现阶段高校创新创业教育的共性问题。

第四，缺乏系统性、科学性的创新创业服务平台。这必然导致相应的政策与制度在实际落实时并不能基于系统、科学的统筹与安排，其效果大打折扣。此外，校企合作深度不够也是主要问题。在创新创业人才培养过程中必须融入校企协作的理念，而在教育实际中，极少有学校能形成校企联动培养的协作机制。

尽管我国高等体育院校创业教育起步较晚，但其后劲十足。特别是全国体育类创新创业大赛的成功举办以及体育产业在我国的迅速发展给予了高等体育院校创新创业教育发展极大的动力。同时，现代信息技术的快速发展及其与社会各界融合发展的成功案例也为其提供了多样化的发展途径。

(二)“互联网＋”背景下体育院校创新创业教育产教融合路径的内容体系

1.“互联网＋”背景下体育院校创新创业教育产教融合路径的理论基础

要深化高等体育院校创新创业教育改革，整体设计需要基于体育服务与体育教育的产教融合的进一步深化，要符合服务国家和区域体育产业的创新发展战略。因此，高等体育院校创新创业教育产教融合路径需要理清体育类创新创业人才培养的内涵特质，以“立德树人”为根本任务，重点加强满足体育产业发展现实需求的体育服务人才培养。此外，通过校企联动，构建基于“互联网＋”背景下高等体育院校创新创业教育产教融合的校企协同机制，形成协同推进高等体育院校创新创业服务型人才的联合培养。以此，结合现代化信息技术，创新高校创新创业教育路径，促使企业需求和学生发展需求的有效融汇。

同时，树立产教融合的创新创业人才培养理念，构建高等体育院校创新创业教学、实践和科研的有机融通机制，实现以人才培养为中心，促进学生全面发展。此外，面向社会的体育服务需求实际，搭建提高学生创新创业能力的互联网平台和项目载体，提高学生信息整合与自主学习能力，引导学生形成一种新的学习方式。

高等体育院校创新创业教育产教融合是将体育产业与创新创业教育密切结合，相互支持，相互促进，使创新创业教育成为人才培养、科学研究、产业服务为一体的产业性经营实体，形成学校与企业互为联动的教育模式。通过学校进一步对接体育产业需求，主动树立融入业界的理念，树立合作共赢的导向意识，并在管理体制、运行机制及资源配置上加快调整，把深化产教融合路径转化为自身调整发展的内在需求。高等体育院校推进产教融合没有统一固定的模式，其最重要的是要根据体育产业实际需求培养人才，面向解决企业和社会实际问题，提高其创新能力和服务水平。

2.“互联网+”背景下体育院校创新创业教育产教融合路径的内容设置

在“互联网+”的时代背景下，高等体育院校创新创业教育路径需要拓展和深化。为此，需要建立以学生发展为核心，以满足体育产业社会服务为目标，以“立德树人”为根本的高等体育院校创新创业教育的时代路径。该路径包括师资队伍建设、创先创业科研服务、学生创新创业能力发展、网络平台建设、教育活动标准化以及成果转化六大模块，并以内容模块为导向，构建了以互联网为工具的“企业需求导向+学生专业发展导向”和“社会需求导向+学生专项实践导向”相融汇以及“互联网+学校教育+学生实践”相融合的高等体育院校创新创业教育路径。

该路径中的各个内容模块既独立发展，又在信息技术的支持下实现信息共享，完成内容建设的互为补充。此外，在路径运行时，通过企业、社会与学生的互为融合，集互联网、教育与实践的互为融合，促进高等体育院校创新创业教育路径这不仅满足产教融合的社会发展需求，并在信息技术的支持下不断优化升级。

在网络技术的支持下，企业与社会需求导向与学生个人发展互为融汇形式，也是对体育高校创新创业教育路径的深化改革。首先，通过创新创业与学校专项教育，使学生具备体育产业的基本社会服务能力。，其次，高等体育院校创新创业教育要立足于服务体育产业创新驱动需求和服务经济社会发展。通过充分发挥其体育社会服务能力主动面向市场需求，由检验结果让学校教育在人才培养结构、质量和水平上主动进行优化调整。

另外，创新创业教育的实质是人才驱动，高等体育院校要通过深化创新创业教育教学改革，创新教育路径，使之现代化和科学化，完善创新创业教育体系,提高体育类创新人才的培养质量。

(三)“互联网+”背景下高等体育院校创新创业教育的产教融合路径运行策略

高等体育院校创新创业教育正处在快速发展期,为促进教学质量的稳步提高和创新人才培养与体育产业需求的有效衔接,必须加强推动“互联网+”的课程建设机制,结合产教融合路径,优化创新创业教育的资源配置与信息共享。利用互联网技术加强高校之间、校企之间的联动合作,学生、学校与社会之间的资源互通,建立共建共享共赢的高等体育院校创新创业教育信息平台,不断提升创新创业教育质量,拓展创新创业教育路径。

通过加强“互联网+”的课程建设机制,高等院校可以更好地整合教育资源,促进高等体育院校创新创业教育的全面发展。同时,结合产教融合路径,可以更好地满足体育产业发展的实际需求,培养更多高素质的创新创业人才。此外,借助互联网技术,可以加强高校之间、校企之间的联动合作,实现资源共享和优势互补,提高创新创业教育的质量和效益。最终,建立共建共享共赢的高等体育院校创新创业教育信息平台将有助于推动高等体育院校创新创业教育的持续发展。

1.提高站位,优化创新创业教育理念

创新创业是体育产业社会化发展的重要举措,也是健康中国的时代主题。高校应重视创新创业教育,主动满足体育社会服务需求,不断深化创新创业教育改革,加强体育创新创业人才培养。为了符合社会发展的时代要求,高校必须积极转变创新创业教育理念。

创新创业教育具有较强的理论性,而体育社会服务则强调实践性,因此必须依托产教融合不断提高学生的社会服务能力和见识。传统高等体育院校的创新创业教育以教师为中心,显然不适合对学生能力发展的动态监控和个性化教育。结合“互联网+”的高等体育院校创新创业教育贯穿产教融合路径全过程,高校坚持以问题为导向,以能力发展为目标,以

信息共享为途径，不断优化创新创业教育路径，树立基于信息技术的产教融合教育理念。

2. 资源整合，联动创新创业教育信息

体育产业在我国的发展起步较晚、资源分散、专业程度不高，导致其发展速度相对滞后，这对我国体育专业人才培养提出了更高要求。互联网的兴起极大地促进了各行各业的互联互通，通过“互联网＋高等体育院校创新创业教育”，实现产教融合及由大数据精准分析课程体系及教学内容与学生现实需求的契合度。

“互联网＋教育”的产教融合路径将创新创业教育融入学科专业建设之中，融入人才培养全过程，充分利用现代信息技术，整合学校之间、校企之间、学生与学校和企业之间的动态信息与现实需求，实现以问题为导向的教学、学习与实践互为联动。从教学角度看，合理把控学生学习状态，适时调整满足社会需求的教学方向，不断产出体育产业所需的创新创业人才尤为重要。从企业角度看，应当提出适合企业发展的人才类型，为学校教育方向调整提供依据。从学生角度看，适时发现优质学习资源，实现基于信息技术的多元化学习。因此，通过“互联网＋教育”的产教融合路径可以有效整合社会、企业、学校、学生等各类信息与资源，实现产、学、研协同创新，为高等体育院校创新创业教育和国家创新驱动发展战略助力。

3. 尊重规律，构建创新创业教育课程模块

对于体育专业大学生的创新创业能力培养，必须遵循循序渐进的原则，以理论教学为基础，以实践教学为重心。通过信息技术工具，整合高等体育院校创新创业教育课程资源和教学实践平台，结合产业发展需求，提供教学引导方向。基于此，高校应将创新创业教育课程模块化。课程模块应以有序推进教育规律为基础，形成循序渐进式的高等体育院校创新创业教育课程体系。其模块设置包括队伍建设、创先创业科研服务、学生创新创业能力发展、网络平台建设、教育活动标准化以及成果转化六大模块。

课程模块体系的循序渐进主要体现为教育过程随学生年级变化的层次性。首先是基础层次，即创新创业教育的基础课程，主要面向低年级学生，以培养学生创新创业意识为主要目标，结合信息技术对学生数据的过程评估，从而发现学生创新创业潜力。其次是提高层次，主要面向对创新创业具有较强意愿和较高潜力的学生，以培养学生创业知识、创业技巧和创业技能为目标。最后是实践层次，应加强学生创新创业实践与理论相结合，以培养学生体育社会服务能力为目标，提供体育产业服务需求，由网络平台提供创新创业环境，实现产教融合的穿心创业教育路径。

4. 互联互通，把控创新创业教育过程

借助互联网工具，可以将学校、企业、社会与学生在创新创业教育过程中有效连接起来，形成一个高等体育院校创新创业教育的动态网络系统。

在教育资源方面，不同学校之间、校企合作之间和师生之间可以实现联动互通，实时共享资源。

在教学活动方面，通过线上线下的师生互动，各高校的课程资源可以得到充分利用。此外，互联网教学可以拉近学生与教师之间的距离，拓宽产教融合的发展路径。

在课程建设方面，以互联网为媒介的创新创业课程建设的目标更加符合体育产业的社会需求，课程内容更加贴合学生能力发展需要，课程建设对象更加多元化，形成了跨学校、跨行业、跨地域、跨学科、跨专业的创新创业教育课程建设和培育模式，极大地提高了体育类创新创业教育课程的质量。

（四）“互联网＋”背景下高等体育院校创新创业教育的产教融合路径

1. 创新创业教育工作精细化

互联网的广泛应用提高了信息交流的实效性和资源使用的便捷性。当代高校学生是互联网应用的“原住民”，他们善于利用网络辅助学习。

在“互联网+”背景下，高等体育院校创新创业教育符合社会发展趋势，学校体育教学应充分认识到这一现状，努力开发“互联网+教育”的教学模式，建立以互联网为支撑的高校创新创业教育网络平台，实现对教学过程的课程建设、考核评价、过程监控、创业服务等内容精细化管理。

此外，将体育产业行情动态纳入教育平台，通过对行业需求的分类管理，提供学生实践创业的行业发展实时动态，为其创业方向选择提供现实依据。通过积极推送创业教育、创业服务等实时资讯，开辟线上与线下相结合的创新创业教育产教融合的精细化服务路径。这种模式不仅能够提高学生的创业能力和水平，还能够促进校企合作和产业发展。

2. 创新创业教学目标专一化

体育教学通常以强化学生运动技能和加强基础专业知识为主要目标，不同专业中运动技术和专业理论的比重各不相同，教学目标也存在多样化的现象，这势必会影响学生的创新创业能力。在互联网的支持下，应整合体育产业实时动态，共享创新创业教学资源，提供创新创业实践网络平台，贯彻以创新创业能力培养为中心的教学策略，坚持将学生的创新创业能力培养作为教学目标，并坚持以创业所需的心理品质、创业意识和创业能力为主线，兼顾体育专项技术和专业理论，根据学龄按层次开展教学活动，使创新创业教学目标不断集中统一。同时，“互联网+”背景下高等体育院校创新创业教育的产教融合路径也突显了学生创新创业能力培养的教学要求，突出探究思考、自主学习和主动实践的现代教育特征。

3. 创新创业教育与实践链式服务

“互联网+”背景下的高等体育院校创新创业教育产教融合路径可以为学生提供创新创业学习与实践的链式服务，其将创新创业教育划分为理论学习、创新创业孵化和创新创业转化三个阶段。第一，在理论学习阶段，通过对学生创业能力的初步评估，提供个性化的教学方案，实现因材施教。第二，在孵化阶段，采用大数据匹配技术，自动筛选项目，再由指导教师挑选符合体育产业发展动态的项目进入孵化阶段。第三，在筛选过程中，竞争激发学生的创作热情，同时选拔适合进入创新创业培养链的优秀项目进行培养。而在转化阶段，通过校企联动，将创新创业项目投入市场化自主运营，在企业的指导下，由市场检验项目的可行性。经过一系列的创新创业能力链式培养，逐步提高学生的创新创业能力。其中取得成功的创新创业案例又可反馈于创新创业教育，进一步引导教育方向选择。

三、高校体育教学改革创新的实例

(一)翻转课堂

1. 翻转课堂的概念

近年来，随着高校体育教学改革的不断深入，越来越多的新型教学模式开始从国外引入国内，并进入我国高校体育教育领域。其中，翻转课堂(Flipping Classroom)作为众多新型教学模式的代表之一，成为全球教育界的热点话题。翻转课堂对传统体育教学模式产生了不同程度的影响，改善了现有教学模式的缺陷，推动了我国高校体育教学改革的进程。

翻转课堂不仅仅是一种教学模式，更代表着一种全新的教学理念。它强调以学生为主导、教师为导向的教学理念，与传统教学存在一定的区别。

2. 国内外关于翻转课堂的研究

(1)国外研究情况

国外关于翻转课堂教学模式的研究主要集中在应用和特性方面，而在学科适应性、教学设计和起源与发展方面的研究则相对较少。此外，国外学界缺少对翻转课堂在某个学科或某堂课上具体实施的研究。西方学者 Talley 的研究表明，翻转课堂教学模式可以通过将网络技术嵌入主干课程的形式来教学，这能够为学生提供更多的课堂实践时间，从而提高学习成绩。

(2)国内研究情况

国内的翻转课堂研究可以分为综合性理论与实践研究、基础教育领域的理论与实践研究和高等教育领域的理论与实践研究三个大类。虽然国内对于翻转课堂的研究多停留在理论分析与探讨阶段但在体育等术科类的应用案例却相对较少，但总体来看，国内学者发表的关于翻转课堂的研究文章数量逐年增加。自 2011 年引入中国以来，翻转课堂逐渐成为国内教育界的研究热点。

3. 翻转课堂对高校体育教学的促进

(1)建立新型师生关系。在传统教学模式中，教师是教学的中心，学生完全按照教师的指导进行学习。而在翻转课堂中，教师和学生的角色都发生了变化。教师成为体育教学的指导者和推动者，而学生则成为课堂上的主人。通过在课前观看视频来掌握规范的技术动作，并在课堂上通过自学和分析来加深理解。课前充分互动交流，解决了教学中的问题，从而为身体练习腾出更多的时间。教师也可以通过学生的练习情况进行针对性指导，并避免亲自示范可能导致的动作不标准问题。

(2)延长课堂学习时间。根据体育教学规律，技术动作的学习需要大量时间巩固。因此，在传统体育课堂中，光是讲解示范就会占用 20%～30%的时间，不利于学生完全掌握技术动作。通过翻转课堂，将规范示范放在课前，学生可以反复观看视频，避免了课上教师讲解不清造成的误导和麻烦，也避免了学生注意力不集中而导致的漏记或错记。例如，在大一体育课上进行武术教学时，分解整个套路并逐一指导每个动作会耗费大量时间和精力。如果提前观看示范视频，学生对整个动作有了整体了解，在实际教学中只需强调重点和难点即可，可以省下更多时间用于个人练习，提高学习效率。

(3)多样化评价方式。传统体育教学评价的方式主要是知识理论和技能考试，而忽略了学生个体差异。评价领域主要集中在认知和动作技能方面，情感领域的评价较少。评价时机主要基于总结性评价而忽略过程性评价，没有关注到学生的进步程度。评价主体和目的主要是由教师完成，结果对教学难以产生积极影响。在翻转课堂教学模式中，教师与学生通过沟通交流更加了解彼此，并根据学生的学习态度和进步程度来评价。

(4)培养学生多方面素质。与中国和美国教育体系的对比可以发现,中国学生严重依赖教师引导作用,缺乏发现问题、独立思考和解决问题的能力,缺少个性。与传统教学不同的是,翻转课堂教学中增加了课前学生自学和讨论的程序,鼓励学生自主发现和提出问题,培养了学生的自主学习能力。同时,翻转课堂节省了大量教学时间,提高了教学效率,教师可以利用这些时间通过各种方式培养学生的体育素养和兴趣,养成终身体育的意识。

4. 翻转课堂在高校体育教学中的推广现状

翻转课堂是依据体育课程标准(教学大纲)和教学目标,以课前视频为载体,围绕某个技术动作或知识点进行教学。其核心内容是短片,辅之以微教案、微课件、课后习题和教学反馈等辅助性教学形式与内容。这些课前短片针对本节课教学的重点和难点,时间短、内容精、便于传播,有助于学生自主学习。

然而,在中国高校体育教学中,翻转课堂的实际应用效果不高。这是因为我国高校缺乏制作微课的设计工具和技术,学校的考核政策、专业体系结构和课程标准设置等方面也不利于微课教学的开展。此外,制作高水平的精品微课需要耗费大量精力。要打造成熟的翻转课堂体系,教师需要学习先进的翻转课堂教学理念,改变教学思路和策略,有针对性地设计教学内容,掌握拍摄和剪辑视频的技巧,学会使用现代技术教育手段进行微视频设计和制作。

在教师方面,很多教师因自身精力有限而没有时间学习和制作微视频;还有一些教师思想不够开放或受限于科研压力,不愿接受翻转课堂。在学生方面,长期传统教学模式导致大部分学生的自主学习能力差,不擅长自主思考和学习,进而养成被动接受式的学习习惯,这直接影响到翻转课堂在高校的推广。

5. 翻转课堂在高校体育教学的推广策略

(1)更新教师观念,提升信息技术水平和教学设计能力。将翻转课堂引入高校体育教学体系的初衷在于建立以翻转课堂为中心的新评价体系和进行体育教学改革。因此,提高教师的教学观念,使其适应教学模式革新的要求,可以增加翻转课堂在高校体育教学中的实用性,降低实施难度;同时提升教师的信息技术水平和教学设计能力。

(2)试点翻转课堂,增强学生的自主学习能力。学校鼓励年轻教师敢于尝试翻转课堂教学模式,选取适合该模式的教学内容,并在实施中充分激发学生的积极性。此外,体育教师需要在教学中安排课前预习和课后复习,为翻转课堂的实施打下基础。

(3)推广优秀课程代表。学校制定相关政策来鼓励翻转课堂教学模式的应用,培养教学改革积极分子,大力建设翻转课堂教学应用示范校,培养翻转课堂教学骨干,向其他学校推广,并与外校教师共同学习,引领翻转课堂在高校体育教学中的应用推广。

(二)网络教学

中国网民数量不断增加,互联网已经改变了中国人的日常生活。在国家大力推行“互联网+”战略的背景下,教育领域,包括体育在内,将迎来“互联网+教育”的全新发展机遇。在体育教学中,教师如何利用好网络资源来提升教学效果,以及学生如何更好地利用网络资源进行学习,是体育工作者需要思考的问题。

1.信息技术的发展与网络教学的产生

自20世纪中叶以来,以电子计算机和通信技术为代表的现代信息技术在全球范围内迅速发展,引发了巨大的变革。包括中国在内的许多国家经历了前所未有的技术革新,快速进入信息社会。

信息技术的飞速发展涉及其所有应用领域,对人们的工作、学习和生活产生了巨大影响。在教育领域,信息技术的应用已经深深地改变了教育教学的形式和方法,催生了信息化教育。随着“信息高速公路”的发展,信息化教育应运而生,它以现代信息技术的广泛应用为特征,形成了一种全新的教育形态。这是信息社会发展到一定阶段的必然结果,也催生了一个新的名词——网络教学。

网络教学是指师生借助现代教育媒体、教育信息资源和方法开展的双边教学活动。尽管教学是教育的主体与核心，但网络教学却是信息化教育的主要形式与核心内容。与传统的教育手段相比，网络教学是一种现代的教学形式，更加注重现代教学媒体在教学过程中的操作与应用。

网络教学是一种现代的教育形态，它以现代教学理念为指引，注重运用现代信息技术，包括互联网、多媒体、卫星通信等，运用现代技术手段，采取现代教学方法，通过多种现代教学媒体资源与信息资源，营造现代化信息教学环境。在教师的组织和引导下，学生能发挥出主动性、积极性和创造性，成为知识的主动建造者，从而提高学习能力，提升教学的效果与质量。

在网络教学中，教师能充分利用现代化教学环境和丰富的教学资源，根据先进的教学理念设计教学，设计出多样的现代化信息教学活动。学生则可以通过网络教学的环境，利用多样化的交互工具进行合作学习与探究学习，促进个人的全面发展。

2.高校体育网络教学的发展概况

(1)国内发展概况。1994 年，“中国教育和科研计算机网”示范工程的开工标志着我国开始推进教育信息化改革。2000 年，全国共有 33 所高校开设网络教学。包括清华大学、上海交通大学、北京体育大学在内的多家全国知名高校经过多年的探索与尝试，逐步开发并建立了体育网络精品课程，很快在全国范围内传播到其他高校中；与之相关的学术研究也有了很大的进展，研究者发表了众多的研究文献。随着中国互联网进程的加快，目前很多高校都开始重视网络资源的价值，开设网络教学课程，逐步步入信息化时代。

从高校体育教学的情况来看，体育网络课堂教学已经是大势所趋。虽然国家大力支持互联网发展，教育部门重视网络教学的运用，但由于起步较晚等原因，造成我国网络教学与发达国家还有一定的差距。目前，我国高校网络教学的模式有五种，分别是讲授式教学模式，个别化教学模式，协作学习式教学模式，发现式教学模式以及讨论式教学模式。从不同学科的横向对比来看，体育网络教学的普及率比其他学科略逊一筹。

从国内不同地区来看，我国高校网络教学建设呈现出明显的区域化分布特征。很多大学体育教师教学观念落后，科研任务繁重，教学方法固定，没有注意到网络资源的优势，教学资源数据老化。相关部门要充分投入大量的人力与资金，开发体育网络教学系统建设，改变这种体育互联网发达但没有与教学相结合、利用率不理想的状况。目前我国有很多体育院校以及从事体育教育研究的学者和一线教师正在不断摸索体育与网络技术相结合的方法，努力发挥网络教学的优势，提高体育教学质量。

(2)国外发展概况。从众多文献资料中可以得知，在 20 世纪 90 年代末期，以美国为代表的欧美科技强国已经开始在全国范围内推广网络信息教学，并建立了功能完善的网络教学平台。从网络教学功能的演变过程来看，其主要经历了四个阶段，分别是资源学习库、简单学习管理平台、具备网络教学基本功能和现代化通用的网络教学平台。例如，斯坦福大学等西方名校很早就开始运用网络资源进行体育教学，英国爱丁堡大学开设了网络足球课程。这些知名学府开展的网络课程无论从理论成果还是实践技术都堪称世界一流。以美国为首的发达国家在将信息技术应用于教育教学的研究中，主要涉及教学方法、教师培训、教学软件和网络教学等方面。早在 2000 年，全球就已有超过 100 个国家和地区开展了现代高校体育远程教育，全世界 86%的大学都建立了自己的校园网站，其中 1/6 推出了高校体育网络课程。目前来看，起步较早的国外高校体育教学信息化技术已经达到较高的水平，对于我国高校的体育网络教学建设具有重要的借鉴意义。

3. 高校体育网络教学中面临的问题

(1)网络教学资源的筛选。在高校体育网络教学的建设过程中，首要任务是充分接触和了解网络资源，这是体育教学内容创新的基础。然而，从我国互联网的发展现状来看，其发展水平相对较低，这导致网络资源有效性降低，错误和不良信息充斥其中，给高校体育网络教学的资源筛选带来了困难。此外，在选择教学资源时，体育教师除了关注资源的内容外，还需分析其形式。单纯选择单一的教学资源无法提高学生的积极性，也无法全面展示教学内容，对提升教学质量的作用较为有限。

(2)教学模式的变革。教学模式的选择是影响教学质量的关键因素。随着互联网技术的不断发展，大量网络信息融入高校体育教学，传统教学模式的局限性日益显现。一方面，高校体育教学中采用的传统模式难以激发学生的主动性，满足不了教学需求，无法引起学生的兴趣；另一方面，在传统教学模式下，网络资源无法与实际教学相结合，更无法推动体育教学的发展。传统教学模式的局限性已经对高校体育教学的网络化建设和现代化发展产生了消极的作用，这是体育教育工作者必须面对的重要问题。

(3)教师教学能力的提升。在高校体育网络教学中，教师扮演着关键的角色，掌握整体教学形式、及时调整教学内容对其来说至关重要。因此，教师的教学能力和素质可以通过进修、培训等方式来提高。目前，高校体育教师队伍中年轻教师较少，大部分为经验丰富的老教师。然而，由于他们所处的年代计算机技术尚未普及，互联网对他们来说相对陌生，对网络的应用也不如年轻人熟练。这对高校体育教学实现网络教学构成了一定的阻碍。如果不结合体育网络进行教学优化，对教师的业务素质进行培养，那么再努力也是徒劳无益。

4. 高校体育网络教学的优化策略

(1)筛选优质网络资源，结合课程实际。建设高校体育网络教学，首先要考虑的是网络资源的选择。优质的网络资源可以拓展教学内容，丰富教学体系，推动高校体育现代化发展。在筛选过程中，教师应结合自己的教学实际，认证网络资源的可靠性和科学性后将其加入教学设计中。同时，教师需要处理筛选内容与教材内容之间的不协调和不兼容问题，实现网络内容和教材内容的过渡。此外，教师还应不断丰富网络资源的选择形式，综合图片、音频、视频、动画等不同形式的资源，使体育课堂教学更加丰富。

(2)推动教学模式变革，结合教学发展。高校体育网络教学的发展需要信息技术的支持和应用。因此，有必要根据当前的教学发展需要进行体育教学模式的变革。首先，更新体育教学设备，在实际教学中尝试使用现代化网络设备，为体育教学改革奠定物质基础。其次，开创新的教学模式，改变传统的教师讲解和学生练习模式，利用先进的教学设备提高学生的自主性和能动性。例如，将学生分成小组进行幻灯片演讲以激发他们利用网络资源进行自主学习的兴趣。再如，布置课外作业，要求学生自行上网查阅资料并进行网上作业，加强教学活动与网络资源间的联系，推动高校体育网络教学的发展。

(3)落实学生主体性，加大“放手”力度。体育教学改革主要是课程内容和教学方法的改革。在教学改革的大趋势中，彰显出了教学课程的时代性特色，以学生终身体育意识的培养为基础。在体育网络教学中，树立学生的中心与主体地位，帮助学生进行自主性学习。作为教师，结合学生的兴趣爱好和体育基础来设计教学方案，借助网络资源和平台帮助学生研究自己热衷的体育领域。这种教学的特点是把时间和空间交给学生，让他们自己安排，呈现出“放羊式”教学。学生有充分的权限利用网络资源进行个性化探究，从而对体育产生更浓厚的兴趣。

(4)高校加大对网络教学建设的投入力度。目前，国内高校都有自己的网络教学体系，且都已建设得十分完善与成熟。但在教学活动中，体育网络教学还不是主要的教学形式。在保证学生充分参与的前提下，高校要大力加强基础建设与投入，以保证网络教学活动承担更多的角色。由于体育教学是特殊的，因而很多项目和内容的教学必须建立在对完整技术进行逐步分解的基础上。因此，有必要建设网络教学模式，以提高学生的学习效果。高校应引入优质教学资源，自主研发动作三维模式视频等教学手段，使网络教学更有应用性，以确保体育教学质量的提高。

参考文献

[1]闫二涛. 中国高等体育教育改革之路[M]. 北京:知识产权出版社,2019.

[2]陈炜,黄芸. 体育教学与模式创新[M]. 北京:光明日报出版社,2016.

[3]程晖. 体育新课程背景下学校体育理论研究[M]. 北京:科学出版社,2016.

[4]马腾,孔凌鹤. 现代体育教学改革与信息化发展研究[M]. 北京:中国商业出版社,2018.

[5]受中秋,王双,黄荣宝. 高校体育教育发展与改革探究[M]. 长春:吉林大学出版社,2018.

[6]刘大维,胡向红. 新时代高校体育教育专业人才培养模式理论和实践研究[M]. 成都:四川大学出版社,2019.

[7]周怀玉. 未来高校体育教师必备素质研究[M]. 长春:吉林文史出版社,2017.

[8]刘伟. 高校体育教育创新理念与实践教学研究[M]. 北京:九州出版社,2019.

[9]周遵琴. 高校体育教学改革与发展[M]. 成都:电子科技大学出版社,2015.

[10]史振瑞. 移动健康和智慧体育互联网+下的高校体育革命[M]. 天津:天津社会科学院出版社,2018.

[11]张振华. 体育教学理论与方法[M]. 北京:北京师范大学出版社,2016.

[12]丁旭.高校体育教学新理念与方法研究[M].北京:中国书籍出版社,2014.

[13]毛振明.体育教学论(第2版)[M].北京:高等教育出版社,2011.

[14]赵光学.体育教学理论与发展探究[M].长春:吉林大学出版社,2013.

[15]陈晓瑞,张立昌.有效教学[M].北京:高等教育出版社,2015.

[16]吴江.体育教学与文化融合[M].北京:冶金工业出版社,2015.

[17]杨贵仁.中国体育教学改革的理论与实践[M].北京:高等教育出版社,2006.

[18]潘绍伟,于可红.学校体育学(第2版)[M].北京:高等教育出版社,2011.

[19]岳若慧.现代教育理念下的高校教育教学管理[M].咸阳:西北农林科技大学出版社,2013.

[20]张虹,赵平,赵泽顺.基础教育体育教学原理与方法[M].昆明:云南大学出版社,2013.

[21]蔺新茂,毛振明.体育教学内容论[M].北京:北京体育大学出版社,2014.

[22]李启迪,邵伟德.体育教学基本理论研究[M].北京:北京师范大学出版社,2014.

[23]宋海圣,赵庆彬,冯海涛.体育教学改革创新与发展研究[M].北京:中国水利水电出版社,2015.

[24]王娟.普通高校体育教学改革的理论与实践研究[D].武汉体育学院,2012.

[25]王崇喜.体育课程与教学改革研究[M].郑州:河南大学出版社,2014.

[26]苏竞存.中国近代学校体育史[M].北京:人民教育出版社,2014.

[27]马波.现代教育理念下体育教学的发展和探索[M].北京:中国商务出版社,2016.

[28]贾振勇.体育教学改革与实践应用探究[M].北京:新华出版社,2018.

[29]郭磊.体育教育的新视野[M].长春:吉林大学出版社,2015.

[30]黄宗英.通识教育必修课教学方法改革与实践[M].长春:吉林出版集团有限责任公司,2012.

[31]曲宗湖,刘绍曾.新中国学校体育 50 年回顾与展望[M].北京:北京体育大学出版社,2000.

[32]沈建敏.体育教学创新与运动训练研究[M].北京:新华出版社,2018.

[33]戴信言.高校体育教学多种模式的探索[M].北京:中国原子能出版社,2016.

[34]马鹏涛.高校体育教学改革创新与科学化训练研究[M].北京:新华出版社,2018.

[35]刘斌.我国高校体育教育专业技术学科课程建设研究[D].上海:上海体育学院,2009.

[36]康娜娜.新中国成立以后我国学校体育思想的嬗变及其发展研究[D].徐州:中国矿业大学,2014.

[37]赵庆军.能力本位视域下的体育教育专业人才培养改革研究[D].天津:天津师范大学,2018.

[38]刘听.现代国外教学思想与我国体育教学[M].北京:教育科学出版社,2011.

[39]肖念,孙崇正.高校教育教学改革的理论思考与实践探索[M].北京:人民出版社,2010.

[40]钟秉枢.体育院校教学改革与创新[M].北京:北京体育大学出版社,2011.

[41]华宝元,等.体育理论知识教程[M].北京:高等教育出版社,2011.

[42]陈洁,宋文利.体育教育学[M].北京:北京师范大学出版社,2012.